W0095525

Garance Le Caisne

CODENAME CAESAR

Garance Le Caisne

CODENAME
CAESAR

Im Herzen der syrischen
Todesmaschinerie

Aus dem Französischen
von Stefan Lorenzer

C.H.Beck

Die Originalausgabe erschien auf Französisch unter dem Titel:
Opération César. Au cœur de la machine de mort syrienne
© Éditions Stock, 2015

2. Auflage. 2016

Mit 2 Karten
(© AFDEC, Bertrand de Brun, 2015)

Für die deutsche Ausgabe:
© Verlag C.H.Beck oHG, München 2016
Gesetzt aus der Caslon bei Fotosatz Amann, Memmingen
Druck und Bindung: Pustet, Regensburg
Gedruckt auf säurefreiem, alterungsbeständigem Papier
(hergestellt aus chlorfrei gebleichtem Zellstoff)
Printed in Germany
ISBN 978 3 406 69211 6

www.chbeck.de

Den Syrerinnen und Syrern
Jeder einzelnen dieser Nummern,
die Kinder, Frauen und Männer waren
Ihnen und ihren Angehörigen zum Gedächtnis

Inhalt

Vorstellung der Syrer, die in diesem Buch
als Zeugen auftreten   15
Prolog   19

1 Aufdecken. Bezeugen. Anklagen   27
2 Beruf Leichenfotograf   35
3 Aus Routine wird Grauen   47
4 Die Archive des Todes   55
5 Gemeinschaften und Religionen   83
6 Zwischen den Fronten   111
7 Bei den Familien der Verschwundenen sein   131
8 Lebend hinauskommen, eine Pflicht   145
9 Diplomatie der kleinen Schritte, ergebnislos   185
10 Bericht in Washington   209

Anmerkungen   237
Anhänge 1–6   239
Dank   245
Ausgewählte Literatur   247

«Unzählige Male in der Geschichte ertönten
solche Schreie,
Lange sind sie ungehört verhallt
Und haben erst viel später ein Echo gefunden.»

Gustawa Jarecka,
polnische Jüdin aus dem Warschauer Ghetto,
Mitglied der Gruppe Oyneg Shabbes,
Dezember 1942

Wenn ich mir die Fotos ansah, sprachen sie zu mir. Viele der abgebildeten Opfer wussten, dass sie sterben würden. Wie die Sterbenden, die im Angesicht des Todes die schahada[1] *sprechen, hatten sie den Zeigefinger erhoben. Ihr Mund war geöffnet, und man spürte, welche Demütigungen sie erlitten hatten. Jedes Mal, wenn ich sie betrachtete, brannten sich mir diese Gesichter ins Gedächtnis ein.*

Mit ihren Schmerzensschreien hatten sie um Rettung gefleht, aber niemand hat sie gerettet, niemand hat sie erhört. Niemand hatte ein Ohr für sie, wenn sie um etwas baten.

Tag für Tag hörte ich die Stimmen der Opfer, die ihre unerträglichen Schmerzen hinausschrien, um zu sagen, was in den Gefängnissen geschieht. Niemand war da, um es zu bezeugen, niemand antwortete ihnen. Diese Opfer haben mir die Pflicht auferlegt, vor ihren Familien, vor der Menschheit und vor der freien Welt Zeugnis abzulegen von den Qualen, die man ihnen angetan hat.

Ich habe Syrien mit lauteren, ehrlichen Absichten verlassen. Es gibt mehrere Dossiers über die Verbrechen des Regimes, die Chemiewaffen, die Massenmorde, die Gefangenen. Eines Tages wird man sie öffnen und als Beweise gegen Baschar al-Assad verwenden. Wann und wie? Ich weiß es nicht.

Die Wahrheit wird siegen. Ein Sprichwort sagt: «Ein Recht ist erst verloren, wenn keiner mehr aufsteht, um dafür einzutreten.»

Caesar, Fotograf aus den Reihen der syrischen Militärpolizei des Regimes von Baschar al-Assad, April 2015

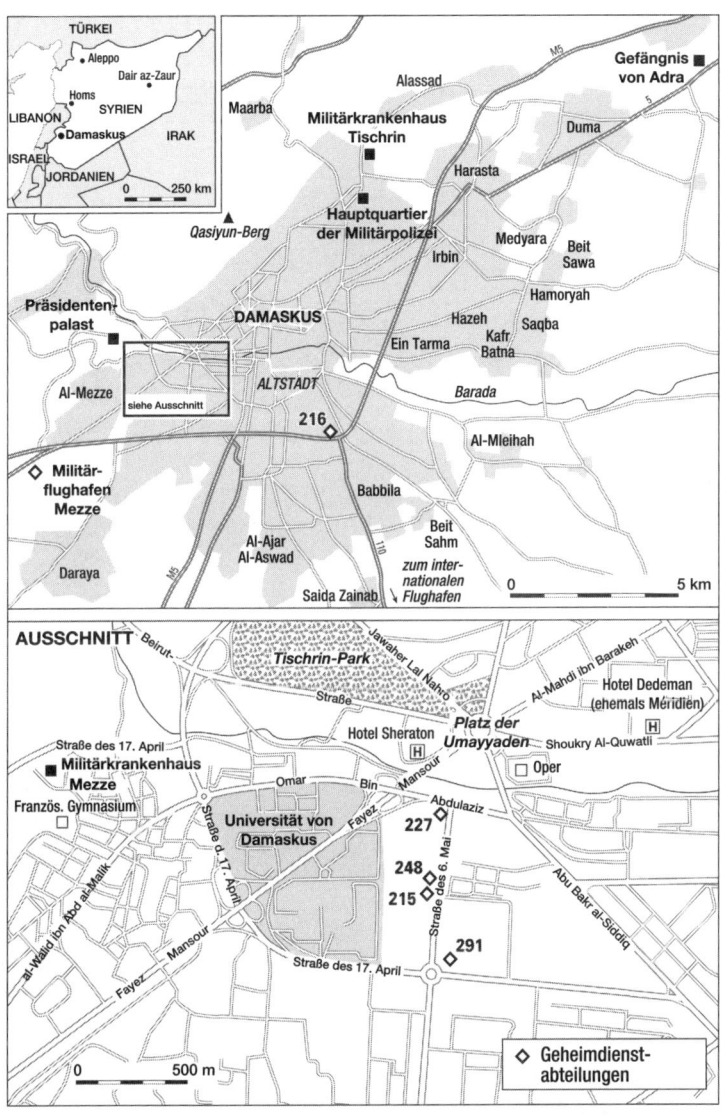

Orte, an denen die Zeugen dieses Buches inhaftiert waren

13

Vorstellung der Syrer, die in diesem Buch als Zeugen auftreten

Caesar ist ein ehemaliger Militärfotograf aus Damaskus, der damit betraut war, Leichen von Häftlingen zu fotografieren, die in Hafteinrichtungen des Regimes gestorben sind, und die Aufnahmen in Ordnern zu archivieren. Entsetzt über diese makabre Routine, entschloss er sich, diese Beweise für die Barbarei des Regimes zu kopieren und außer Landes zu bringen, damit die Weltöffentlichkeit sie sehen könne. Caesar hat zwei Jahre lang jeden Tag sein Leben aufs Spiel gesetzt.

Sami ist ein Pseudonym. Er ist Caesars engster Freund und Vertrauter. In der Zeit von Caesars verdeckter Tätigkeit hat er ihn Tag für Tag unterstützt, bis Caesar aus dem Land geschleust wurde und beide in Europa Zuflucht fanden.

Abu al-Laith ist ein Pseudonym. Der etwa dreißig Jahre alte ehemalige Geschäftsmann aus dem Qalamun-Gebirge hat sieben Monate in Haft verbracht, zunächst in der Abteilung 227 des Militärgeheimdienstes, dann in einer Zelle des Zivilgefängnisses von Adra, das eigentlich für Strafgefangene bestimmt ist. Er ist aus Syrien in die Türkei geflohen.

Mazin al-Hamada war Techniker bei einem multinationalen Ölunternehmen mit Sitz in Dair az-Zaur, im Nordosten des Landes. Dreimal verhaftet, weil er Videos von Demonstrationen aufgenommen und ins Netz gestellt hat, bleibt er anderthalb Jahre in Haft, unter anderem in einer Hafteinrichtung des Luftwaffengeheimdienstes. Dort wird er ein *sukhra* (arabisch für «Zwangsarbeiter»), der den Wärtern bei täglichen Verrichtungen, insbesondere beim Transport toter Gefangener, zur Hand gehen muss. Er lebt heute in den Niederlanden.

Amir al-Homsi, ein Arzt aus Homs, möchte nicht identifiziert werden. Er hat fünfzehn Jahre im Regierungskrankenhaus der Stadt gearbeitet. 2011 und 2012 muss er mitansehen, wie die Einrichtung zu einer Art Gefangenenlager wird, in dem verwundete Gefangene gefoltert werden.

Munir Abu Muaz ist ein Pseudonym. In den zwei Jahren seiner Gefangenschaft, zwischen März 2012 und Januar 2014, wurde der Ingenieur in vier verschiedene Abteilungen zweier Sicherheitsdienste überstellt, anschließend brachte man ihn nach Saidnaya, dreißig Kilometer von Damaskus entfernt. Das dortige Gefängnis ist für politische Häftlinge und Islamisten bestimmt, ein würdiger Nachfolger des berüchtigten Gefängnisses von Palmyra. Später verbrachte Munir Abu Muaz mehrere Wochen im Militärkrankenhaus von Mezze. Heute lebt er in der Türkei.

Ahmad al-Riz hat sich mit 25 Jahren der Revolution verschrieben. Er lernt, wie man Nachrichten verschlüsselt und Versammlungen aus dem Untergrund organisiert.

Nach seiner Festnahme bleibt er zunächst sieben Monate in verschiedenen Geheimdienstabteilungen in Haft, dann kommt er ins Gefängnis von Saidnaya. Zweimal wird er im Militärkrankenhaus von Tischrin behandelt. Er ist nach Deutschland geflohen, wo er Sprachkurse besucht, um sein Studium fortzusetzen.

Wafa ist ein Pseudonym. Im Mai 2013 zusammen mit ihrem Mann verhaftet, kommt sie viereinhalb Monate später im Zuge eines Gefangenenaustauschs frei. Ihr Mann stirbt unter der Folter. Das Foto seines Leichnams entdeckt sie unter den Aufnahmen, die Caesar aus dem Land geschmuggelt hat.

Ahmad stammt aus einer Familie aus Daraya nahe der Hauptstadt, einem der Orte, in denen die friedliche Revolution begann. Er möchte seinen Familiennamen nicht preisgeben, bis er die Möglichkeit hat, gegen Baschar al-Assad auszusagen. Sein Bruder und sein Onkel sind in den Zellen des Luftwaffengeheimdienstes unter der Folter gestorben. Ihre Fotos finden sich in der Akte Caesar.

Abu Khalid, Kommandant einer Katiba, einer Rebelleneinheit aus dem Qalamun-Gebirge. Dieser schmächtige und wenig gesprächige Mann hat Caesars Ausschleusung im Sommer 2013 organisiert. Er ist es auch, der die Festplatte mit den 45 000 Originalfotos außer Landes gebracht hat.

Hasan Schalabi, Gründungsmitglied der Syrischen Nationalbewegung. Der politische Aktivist musste aus Syrien fliehen. Er hat die Operation Caesar von außerhalb des Landes begleitet und die Akte auf internationaler Ebene publik gemacht.

Imad ad-Din al-Rashid, ehemaliger Vizedekan der Fakultät für Scharia an der Universität Damaskus und Präsident der Syrischen Nationalbewegung. Er versucht, die Staaten der Weltgemeinschaft davon zu überzeugen, Baschar al-Assad vor den Internationalen Strafgerichtshof zu bringen. Im Juli 2014 ist er mit Caesar nach Washington gereist, wo der ehemalige Fotograf vor dem Kongress gesprochen hat.

Imran ist ein Pseudonym. Der etwa zwanzigjährige Informatiker stammt aus Mudamya, einem Vorort von Damaskus. Vom Regime verfolgt und in die Türkei geflohen, hat er mit Sami daran gearbeitet, die Tausenden von Fotos zu klassifizieren, um die Akte Caesar jedermann zugänglich zu machen.

Zakaria ist ein Pseudonym. Der ehemalige Kinderarzt aus Damaskus ist aus Syrien über den Libanon in die Türkei geflohen. Auf der Grundlage von Caesars Fotos hat er eine medizinische Klassifikation aller Misshandlungen erstellt, denen die Opfer ausgesetzt waren.

Prolog

Im Frühjahr 2014, als ich von einem Redakteur damit beauftragt werde, mich auf die Suche nach Caesar zu begeben, erscheint mir das wie eine Selbstverständlichkeit. Dieser Mann, ein ehemaliger syrischer Militärfotograf, hat Beweise für Verbrechen gegen die Menschlichkeit außer Landes gebracht, wie niemand vor ihm es gewagt hat. In allen Medien hat sich die Nachricht von einem verbreitet, der Tausende von Dokumenten und Fotos kopiert hat, die auf einem Rechner der Militärpolizei von Damaskus lagen und Gefangene zeigen, die in den Kerkern des Regimes den Tod gefunden haben.

Zwei Jahre lang hat dieser namenlose Held Monat für Monat Kopien von Bildern angefertigt, auf denen gefolterte, verhungerte, mit Brandwunden übersäte Leichen zu sehen sind, gekennzeichnet mit Nummern, die man ihnen direkt auf die Haut geschrieben hat. Heimlich hat er die Fotos, die er auf Befehl seiner Vorgesetzten gemacht hatte, um das Ableben von Gefangenen zu dokumentieren und zu archivieren, auf USB-Sticks übertragen und in seinem Gürtel oder seinen Schuhen hinausgeschmuggelt.

Die Terroristen des sogenannten Islamischen Staats stel-

19

len ihre Barbarei in den sozialen Netzwerken zur Schau. Der syrische Staat verbirgt die seine in der Verschwiegenheit seiner Kerker. Nie zuvor hatte ein Zeuge aus dem Innern des Regimes Beweise für die Existenz der syrischen Todesmaschinerie geliefert. Caesar hat es getan. Seine Aufnahmen und Dokumente sind unerträglich, die Beweislast ist erdrückend.

Die Gruppe, die Caesar geholfen hatte und die versuchte, westliche Regierungen und internationale Medien aufzurütteln, machte Station in Paris. Einer der Verantwortlichen gab mir ein Interview über den «Archivar des Grauens» für *Le Journal du Dimanche*.

Zur selben Zeit bereiteten wir mit der Fotografin Laurence Geai eine Reportage in Aleppo vor, die im Sommer 2014 im *Nouvel Observateur* veröffentlicht werden sollte. In den von der Opposition gehaltenen Vierteln wurden wir Zeuge, mit welcher Entschlossenheit das Regime einen Teil seines Volkes auslöschen und der Vergessenheit preisgeben will. An einem Mittwochmorgen schlugen binnen zweier Stunden drei Bomben ein, keine 200 Meter von uns entfernt. Wir sahen einen jungen Mann sterben, den wir an diesem Tag für unsere Reportage begleiten wollten und mit dem wir am Abend zuvor noch zusammengesessen und gelacht hatten. Wir sahen die zerfetzten Leiber. Die TNT-Fassbomben, die von den Helikoptern der Armee Baschar al-Assads abgeworfen worden waren. Wir sahen, wie Leichenteile verscharrt wurden, und vor allem sahen wir die Gräber, die von den Angestellten der Leichenhallen ausgehoben wurden für Opfer, bei denen niemand die Herausgabe der Leiche gefordert hatte.

Caesar zu finden wurde immer dringlicher. Der spektakuläre Vormarsch des sogenannten Islamischen Staates (Daesch) und die gehäuften Attentate seiner Anhänger führten dazu, dass Hinweise auf Gräueltaten des Regimes immer weniger Gehör fanden. Mehr als 220 000 Tote hatte der Konflikt bereits gefordert. Die Hälfte der Bürger war aus ihrer Heimat vertrieben worden. Andere wurden bombardiert, von den Regierungstruppen belagert.

Caesar würde die Ausschreitungen von Damaskus wieder ins Zentrum der Aufmerksamkeit rücken können. Er musste gefunden werden. Journalisten auf der ganzen Welt suchten nach dem ehemaligen syrischen Militärfotografen. Dass es nicht leicht sein würde, wusste ich aus Erfahrung. Zweimal schon hatte ich fast aufgegeben. Und zweimal hatte ich mich wieder auf die Suche gemacht, weil es undenkbar war, dass dieser Mann nicht sprechen sollte. Um zu begreifen, welches Grauen unter dem Regime herrscht, war sein Zeugnis von eminenter Bedeutung. Sein Bericht musste die mediale Verbreitung der Fotos begleiten. Unaufhörlich standen mir Aleppo mit seinen namenlosen Gräbern und jene anderen Bilder vor Augen, auf die ich in einer ehemaligen Mädchenschule gestoßen war, die man zum Leichenhaus umfunktioniert hatte. An der Wand eines Klassenzimmers hingen Dutzende Fotos von Aleppinern, die durch Bomben des Regimes getötet worden waren.

Als ich den Raum betrat und mein Blick auf sie fiel, wurden die Bilder unmittelbar überblendet mit den Porträts von durch die Roten Khmer ermordeten Kambodschanern, die in einem ehemaligen Gymnasium in Pnom Penh hängen. Mehr als 21 000 Personen sind dort, im S 21, dem größten Foltergefängnis des Pol-Pot-Regimes, zwischen 1975 und 1979 zu Tode gekommen. Heute ist der Ort ein Museum, in dem die Fotos der Opfer zu sehen sind.

Die Mitglieder der Gruppe, die Caesar schützte und die der Syrischen Nationalbewegung angehört, einer gemäßigt islamistischen Oppositionspartei, begriffen, dass dieses Buch keinen Mediencoup landen, sondern ins Unaussprechliche vordringen wollte. Dass es den Syrern das Wort erteilen würde, um eine Spur für die kommenden Generationen zu hinterlassen.

Wir trafen uns mehrmals. In Paris, in Istanbul und in Dschidda, in Saudi-Arabien. Sie gewährten mir Einblick in ihre Akten und Dokumente und erzählten mir ihre eigene Geschichte.

Aber irgendetwas stand einem Treffen mit Caesar im Wege. Was es war, konnte ich nicht genau sagen. Ich begriff bloß, dass der Mann Angst hatte. Enttäuscht von der Tatenlosigkeit der internationalen Gemeinschaft, verstand er sich nicht mehr besonders gut mit den Verantwortlichen der Gruppe. Um seine Sicherheit besorgt, versteckte er sich, was er noch heute tut.

Ohne sein Zeugnis aber hätte es dieses Buch nicht geben können. Schließlich stellte ein Mitglied der Gruppe einen ersten Kontakt zu Sami her, von dessen Existenz die mit der «Affäre Caesar» befassten Medien nichts wussten. Sami ist derjenige, der den ehemaligen Militärfotografen am besten kennt. Er hat ihn während der beiden Jahre seiner Operation begleitet und unterstützt. Er war der Schlüssel, der die Tür zu Caesar öffnen konnte.

Viermal haben wir miteinander gesprochen, jedes Mal mehrere Stunden. Gemeinsam mit Saoussen Ben Cheikh, die mir bei der Übersetzung half, haben wir auch Zeit mit Sami und seiner Frau verbracht und haben dabei viel gelacht. Ein überraschendes, manchmal bewegendes Vertrauensverhältnis entstand. Eines Abends rief Sami mich über Skype an, weil er Caesar beruhigen wollte. Skype ist, dem Internet sei Dank, seit Beginn der Revolution und des Krieges zum Kommunikationsmittel der syrischen Aktivisten geworden. Sicher und kostenlos. Sami und ich hatten uns angewöhnt, miteinander zu sprechen, ohne die Webcams unserer Rechner anzuschalten.

«Caesar ist beunruhigt, er hat Angst», sagte mir Sami. Es gab Juristen, die ihn zu einer Aussage vor der Staatsanwaltschaft drängten. Konnten sie ihn dazu zwingen? Obwohl ich mit den verschlungenen Wegen der internationalen Rechtsprechung wenig vertraut bin, konnte ich den beiden das eine versichern: Kein Polizist würde sie verhaften und mit Gewalt vor einen Richter zerren können. Caesar und Sami lebten nicht mehr unter dem syrischen Regime, sondern in einer Demokratie, in Nordeuropa, wo sie Zuflucht gefunden hatten. Aber sie sollten auch nicht vergessen, wofür sie ihr Leben und das ihrer Familien riskiert hatten. Wofür sie aus ihrer Heimat in ein fremdes Land hatten fliehen müssen, dessen Sprache sie nicht verstanden.

Ich ließ nicht locker. «Eines Tages wird Caesar über die Verbrechen des Regimes berichten müssen, darüber, was er gesehen, und darüber, was zu tun man ihm befohlen hat. Um der Syrer, um der Gerechtigkeit willen. Vielleicht nicht heute, wenn er so große Angst hat, aber morgen, übermorgen, in sechs Monaten, einem Jahr. Irgendwann wird er nicht anders können. Verstehen Sie, Sami?» Schweigen. Und plötzlich eine unverhoffte Stimme. Jemand, den ich nicht kannte und nicht sehen konnte, saß offenbar neben Sami: «Guten Abend. Danke für Ihre Ratschläge. Ich bin Caesar. Wenn Sie wollen, können wir uns treffen.»

Nach sechs Monaten der Nachforschungen erklärte der Mann sich bereit, aus der Verborgenheit herauszutreten. Wie schon mit Sami war die erste Begegnung etwas angespannt. Sie waren defensiv, und ich fürchtete, sie zu verlieren, wenn ich meine Fragen falsch formulierte oder zu rasch, zu früh zu viele Einzelheiten in Erfahrung bringen wollte. Caesar hat sich mir mehrmals anvertraut. Insgesamt haben die Gespräche mehr als vierzig Stunden gedauert.

Das Zeugnis, das Caesar in diesen Gesprächen abgelegt hat, ist einzigartig. In einfachen Worten, ohne je zu behaupten, getan oder gesehen zu haben, was er nicht getan oder gesehen hat, beschrieb er seine Arbeit in allen Einzelheiten. Er hat Skizzen angefertigt, um nichts im Dunkeln zu lassen. Auf einer Satellitenkarte hat er den Weg nachgezeichnet, den er täglich zurücklegte, und mir gezeigt, wo genau die Hangars eines der Militärkrankenhäuser lagen, in denen er die Leichen fotografieren musste. Im Verlauf der Gespräche wurde Caesar zugänglicher, ohne die Scheu abzulegen, die ihn seine Gefühle oft für sich behalten ließ. Bis zuletzt war er um seine Sicherheit besorgt. Seine Aufzeichnungen gab er nicht aus der Hand. Unter keinen Umständen durfte seine Handschrift bekannt werden. Eine einzige Zeichnung hat er mir überlassen. Damit er sich sicher fühlen kann, haben wir gemeinsam beschlossen, über sein Privatleben nicht alles preiszugeben. Manche Einzelheiten wurden auch abgewandelt.

Die Fotografen der syrischen Militärpolizei sind nur ein Rädchen im Getriebe der Todesmaschinerie. Sie machen Fotos von den Leichen und archivieren sie. Um Caesars Bekenntnis zu verstehen und zu ergänzen, war es unerlässlich, mit Menschen zu sprechen, die die Folter in den Hafteinrichtungen, den Gefängnissen und Militärkrankenhäusern überlebt haben. Die ihre Zellengenossen oder Bettnachbarn sterben sahen. Die ihre Leichen trugen. Die mit eigenen Augen sahen, wie diese Nummern auf sie geschrieben wurden. Auch sie erstatten in diesem Buch Bericht, manche offen, andere unter einem Pseudonym.

Die Sicherung der Beweise für die in Syrien begangenen Verbrechen, die von einigen Gruppen vor drei Jahren in Angriff genommen wurde, steht noch ganz am Anfang. Auf seine Art ist dieses Buch ein erster Versuch, die Wahrheit auszusprechen. Die Beweisaufnahme wird fortgesetzt werden müssen.

Nummern, Fotos, ausgemergelte Körper. Was man sieht, hat man schon einmal gesehen. Caesars Fotos und das, was sein Bericht an den Tag bringt, lassen mich an die Judenvernichtung denken, an die Shoah. Auch wenn es der Geschichte und der Rechtsprechung überlassen bleibt, über die Verbrechen des syrischen Regimes zu befinden.

Aber hätten wir in diesem Buch Fotos veröffentlichen sollen? Gemeinsam mit dem Verlag haben wir beschlossen, es nicht zu tun. Viele sind im Internet zu finden. Für das Buch eine Auswahl unter ihnen zu treffen, wäre uns unmöglich gewesen. Und die Aufnahmen sind grauenerregend. Sie sind von solcher Wucht, dass man von ihrem Anblick zu überwältigt sein mag, um die Zeugenaussagen der Überlebenden noch hören zu wollen oder hören zu können. Aber sie müssen gehört werden.

Dieses Buch ist der Bericht über die alltägliche Barbarei, der die Syrer unter dem Regime Baschar al-Assads ausgesetzt sind. Dies ist ihre Geschichte.

1
Aufdecken. Bezeugen. Anklagen

Diplomaten, Berater, Mitarbeiter, alle müssen den Raum verlassen. Hinter verschlossenen Türen soll den elf versammelten Außenministern ein hochsensibles Dossier zur Kenntnis gebracht werden. Ein Dossier in Gestalt eines achtminütigen Films. Auf einem Großbildschirm läuft der Film an. Gleich zu Beginn warnt eine Stimme aus dem Off: «Dieser Film enthält Darstellungen schockierender und abscheulicher Gewalt, ausgeübt vom syrischen Regime. Was Sie sehen werden, sind nur einige Beispiele unter Zehntausenden von amtlichen Aufnahmen, die man uns zugespielt hat. Ihre Echtheit ist durch Rechtsgutachten, Originaldokumente und Zeugenaussagen beglaubigt. Die Stichhaltigkeit der Beweise und die Verlässlichkeit der Quellen wurden von Strafrechtsexperten geprüft. Wir legen Ihnen daher diesen Bericht mit vollstem Vertrauen in seine Authentizität vor.»

Sonntag, 12. Januar 2014, im Second-Empire-Speisesaal des französischen Außenministeriums am Quai d'Orsay. Laurent Fabius empfängt seine Amtskollegen: John Kerry, Chef des amerikanischen State Department, und die Chefdiplomaten aus Ägypten, Deutschland, Großbritannien, Italien, Jordanien, Katar, Saudi-Arabien, der Türkei und den Vereinigten Arabischen Emiraten.

Die «Kerngruppe» der «Freunde des syrischen Volkes» ist zusammengekommen, um Ahmad al-Dscharba, Präsident der Syrischen Nationalen Koalition (SNK), der wichtigsten Repräsentantin der politischen Opposition, ihre Unterstützung zuzusichern. Tatsächlich ist geplant, dass die syrische Opposition und die Regierung sich zehn Tage später in der Schweiz treffen, um über die Bildung einer politischen Übergangsregierung zu verhandeln. Die internationale Friedenskonferenz soll unter der Schirmherrschaft der UNO in Montreux und Genf stattfinden. Aber die Mitglieder der SNK sind sich uneins, ob sie daran teilnehmen wollen. Die elf «Freunde des syrischen Volkes» sprechen sich für die Teilnahme der SNK aus, weil sie verhindern wollen, dass Baschar al-Assad das Scheitern der Verhandlungen der Opposition in die Schuhe schiebt.

Der französische Minister, der die Sitzung leitet, nimmt am Kopfende des Tisches Platz, gegenüber von Ahmad al-Dscharba. Gegen Ende der Sitzung erteilt er wider alles Erwarten Khalid al-Atiya das Wort. Einige Tage zuvor hat der katarische Minister ihm anvertraut, von einer Oppositionsgruppe ein vertrauliches Dokument erhalten zu haben, das er ihnen zur Kenntnis bringen wolle. Alle anderen Geschäfte werden ausgesetzt. Etwa dreißig Personen verlassen den Raum. Am Tisch bleiben die elf Minister.

Die Kronleuchter sind ausgeschaltet. Zu der von Itzhak Perlman für *Schindlers Liste* komponierten Musik sieht man eine Abfolge von Fotografien nackter Leichen, nur mit einem Slip bekleidet oder in Lumpen, bis auf die

Knochen abgemagert, manche verstümmelt, von Schnitten oder Verbrennungen übersät. Einigen hat man die Augen herausgerissen. Andere sind von chemischen Substanzen entstellt. Wieder andere stecken in Plastiksäcken, aufgestapelt unter einem Hangar. Sorgfältig erfasst das Objektiv die Nummer, die jeder Leichnam trägt, mit dokumentenechtem Filzstift auf die Haut oder einen Aufkleber an der Stirn geschrieben. Das makabre Verzeichnis ist offenbar von einem Berufsfotografen angelegt worden. Unter den Goldverzierungen des Quai d'Orsay herrscht stummes Entsetzen.

Die Stimme aus dem Off fährt fort: «Akte systematischen Nahrungsentzugs und brutaler Folter, wie sie in den Hafteinrichtungen des syrischen Regimes verübt werden, sind selten auf diese Weise dokumentiert worden. Vom Tod gleich nach der Festnahme bis zur physischen Liquidation von Gefangenen in den Gefängnissen oder Militärkrankenhäusern archiviert das Regime die Todesfälle mit Aufnahmen, die von der Kriminalabteilung der Militärpolizei gemacht werden ... Die ärztlichen Berichte geben Herzversagen als Todesursache an, während die Leichen Spuren der Folter und des Verhungerns tragen.» Der Film schließt mit der Frage: «Ist dies ein neuer Holocaust? All das dauert an.»

Die Minister verlassen wortlos, mit ernsten, gezeichneten Gesichtern den Saal. John Kerry ist bleich. Das anschließende Mittagessen wird kaum angerührt. «Es ist grauenhaft, abscheulich», wird Laurent Fabius seinen Mitarbeitern sagen, «wir werden alles dafür tun müssen, die Wahrheit über diese Dokumente herauszufinden, die von entscheidender Bedeutung sind.»

«Diese Bilder», erklärt heute ein Vertrauter von Fabius, «legen den Finger auf das, was Frankreich seit Jahren anprangert und dem Assad-Regime zur Last legt. Es sind Bilder, wie man sie seit dem Völkermord an den Juden und den Verbrechen der Roten Khmer nicht mehr gesehen hat. Die Gründlichkeit, mit der das syrische Regime seine Verbrechen dokumentiert und archiviert, versetzt uns siebzig Jahre zurück.»

Am Ende des Tages mahnt Fabius auf der Pressekonferenz öffentlich die Unterstützung für die «Genf 2» genannte Konferenz an, um zu einer «wirklichen politischen Übergangslösung zu kommen, die dem gegenwärtigen despotischen Regime ein Ende bereitet ... und die Souveränität des syrischen Volkes respektiert». Und der französische Minister betont auch, «mit welchem Nachdruck wir die Gräueltaten verurteilen, die das syrische Regime an seinem eigenen Volk verübt, insbesondere die Gräueltaten der jüngsten Vergangenheit. Wir wissen, dass es allen anderslautenden Beteuerungen zum Trotz nicht auf der einen Seite das Regime Baschar al-Assads und auf der anderen Seite die Terroristen gibt. Es ist dieses Regime, das den Terrorismus nährt, und man kann den Terrorismus nur besiegen, wenn man diesem Regime ein Ende bereitet.»

Am Tag nach diesem Treffen findet 5000 Kilometer von Paris entfernt in Doha, der Hauptstadt von Katar, unter völliger Geheimhaltung eine andere Zusammenkunft statt. Seit dem Beginn der Revolution unterstützt das kleine Land am Persischen Golf syrische Oppositionelle, insbesondere solche mit islamistischer Prägung. Nachdem der katarische Außenminister von der Existenz dieser Fotos erfahren und zwanzig von ihnen in seinem Büro in Augenschein genommen hatte, zögerte er nicht, auch die Syrische Nationalbewegung zu unterstützen. Es sind Oppositionelle der gemäßigt islamistischen, politisch offenen und sozialkonservativen Syrischen Nationalbewegung, die den Mann schützen, der Zehntausende von Fotos aus Syrien hinausgeschmuggelt hat.

Da Katar sich bewusst war, dass seine erbitterte Gegnerschaft zu Baschar al-Assad Zweifel an der Glaubwürdigkeit des Dossiers wecken könnte, beauftragte es die Londoner Anwaltskanzlei Carter-Ruck, die Fotos zu begutachten und die Glaubwürdigkeit der Quelle zu prüfen. Die Kanzlei gab bei drei ehemaligen internationalen Staatsanwälten und drei Medizinanthropologen einen Bericht in Auftrag, der die Nummern auf den Leichen entschlüsseln und die Aufnahmen einer wissenschaftlichen Analyse unterziehen sollte. Die damit gewonnenen Informationen werden von höchster Bedeutung sein, als der Bericht schließlich veröffentlicht wird.

In Doha sitzen also am 13. Januar 2014 in einem privaten

Speisesaal eines Luxushotels zwei dieser Juristen. Auf dem Tisch liegen zwei Speicherkarten. Die beiden kennen einander gut. Der Brite Desmond da Silva war der Nachfolger des Amerikaners David Crane als Vorsitzender des Sondertribunals für Sierra Leone, das Charles Taylor, den Präsidenten von Liberia, der Kriegsverbrechen und Verbrechen gegen die Menschlichkeit für schuldig befunden und verurteilt hat.

Die beiden ehemaligen Strafverfolger sind nach Katar gekommen, um eine noch unbekannte Quelle zu befragen. Der Mann ist aus der syrischen Armee desertiert. Tags zuvor ist er in Doha angekommen. Nun sitzt er David Crane und Desmond da Silva gegenüber, neben sich einen Übersetzer, und lässt über sich ergehen, was ihm wie ein Verhör vorkommen muss. Oft scheint er sich in seinem legeren Blouson unwohl zu fühlen, sein Blick ist unruhig. Manchmal muss man ihm Fragen wiederholen, die er nicht verstanden hat. Seine knappen Antworten und einfachen Worte lassen einen zurückhaltenden Mann erkennen, der sich der heroischen Tat, die er vollbracht hat, kaum bewusst ist.

«Haben Sie die Fotos aus freien Stücken weitergegeben?», fragt Desmond da Silva.

«Ja. Das ist ein Dienst an meinem Land, an Syrien. An den Angehörigen der syrischen Gefangenen», antwortet der Mann.

…

«Ich habe eine einfache Frage. Warum haben Sie das getan?», fragt David Crane.

«Für die Syrer, für das Volk», bekräftigt der Mann. «Damit die Mörder sich verantworten müssen und verurteilt werden.»

«Sie haben es also um der Gerechtigkeit willen getan. Damit die Gerechtigkeit siegt?»

«Ja, um der Gerechtigkeit willen.»

«Damit die Männer, die das getan haben, zur Rechenschaft gezogen werden?»

«Ja, die syrischen Verantwortlichen, die für den militärischen Zweig des Regimes zuständig sind.»

…

«War es sehr gefährlich, diese Fotos zu kopieren?», fragt Da Silva.

«Ja, sehr gefährlich.»

«Und Sie hätten erhebliche Probleme bekommen, wenn man diese Fotos bei Ihnen gefunden hätte.»

«Ja, ich, meine Familie und alle, die mir nahestehen.»

«Jetzt sind Sie hier. Warum und wie haben Sie Syrien verlassen?»

«Ich habe Syrien verlassen, weil ich Angst um mich und meine Familie hatte. Wenn die Sicherheitsdienste entdeckt hätten, dass ich die Fotos kopiert habe, hätte man uns mit dem Tod bestraft.»

«Also haben Sie beschlossen, Syrien zu verlassen. Wer hat Ihnen dabei geholfen?»

«Ich bin illegal über die Grenze gegangen.»

«Haben Sie im Austausch für die Fotos Geld erhalten?»

«Nein.»

«Sie haben also keinerlei Vorteil daraus gezogen?», insistiert David Crane.

«Nein.»

«Sie haben diese Arbeit aus Gewissensgründen auf sich genommen?»

«Inschallah. Wie können Sie meine Sicherheit garantieren?», fragt der Mann unruhig. Er spricht leise, aber die Angst ist unüberhörbar.

«Sie sind hier in Sicherheit. Unser Bericht wird niemals Ihr Bild oder Ihren Namen preisgeben. Wir haben Ihnen deshalb den Codenamen Caesar gegeben.»

2
Beruf Leichenfotograf

Caesar «Ich bin Caesar. Ich habe für das syrische Regime gearbeitet. Ich war Fotograf bei der Militärpolizei in Damaskus. Ich werde über meine Arbeit vor der Revolution und in den beiden ersten Revolutionsjahren berichten. Aber ich werde nicht alle Details preisgeben können, weil ich fürchte, das Regime könnte mich anhand der Informationen identifizieren. Ich bin nach Europa geflüchtet. Ich habe Angst, dass mich das Regime entdeckt und auslöscht oder meiner Familie etwas antut.

Vor der Revolution bestand meine Aufgabe darin, Tat- und Unfallorte zu fotografieren, wenn Soldaten an den Ereignissen beteiligt waren. Das konnten Selbstmorde, Todesfälle durch Ertrinken, Wohnungsbrände sein. Mit den anderen Fotografen meiner Abteilung musste ich Aufnahmen vom Ort des Geschehens und von den Opfern machen. Der Richter oder der Ermittlungsbeamte sagte uns: ‹Machen Sie von dieser Person ein Foto. Nehmen Sie das mal auf.› Unsere Arbeit hing von ihrer ab. War zum Beispiel in einem Büro ein Verbrechen begangen worden, machte man eine Aufnahme von dem Ort, an dem die Leiche lag. Anschließend fotografierte man sie in der Leichenhalle, um zu dokumentieren, wo das Geschoss eingetreten und wo es ausgetreten war. Es konnte auch vorkommen, dass man Beweismaterial fotografieren musste, eine Pistole etwa oder ein Messer. Bei Autounfällen machte man Aufnahmen vom Unfallort, vom Auto. Anschließend fuhr man zurück ins Büro, wo ein Bericht aufgesetzt wurde mit unseren Fotos. Der Bericht ging dann an die Militärjustiz, damit ein Ermittlungsverfahren eingeleitet werden konnte.

Unter Soldaten und Wehrdienstleistenden war unsere Abteilung damals recht beliebt. Viele wollten bei uns dienen, da es nicht allzu viel zu tun gab. Alle zwei, drei Tage hatte man einen Einsatz. Außerdem gab es keinen Uniformzwang, man konnte sich aussuchen, ob man seinen Dienst in Uniform oder in Zivil versah.

Von den Offizieren wollte allerdings keiner zu uns! Fotografen und Archivare zu befehligen, ist nicht besonders prestigeträchtig. Und die Militärpolizei verfügt in Syrien über keine große Autorität. Kein Vergleich mit den Geheimdiensten. Außerdem gab es keinen Kontakt zu Zivilisten, also keine Aussicht auf Bestechungsgelder wie beim Zoll oder in den Ministerien. Einfluss auf die Sicherheitspolizei und die Armee hatte man auch keinen.

In der Hierarchie interessierte sich niemand für unsere Arbeit. Unsere Abteilung war eine unter vielen und spielte keine große Rolle. Die Militärpolizei hat Dutzende von Abteilungen, Diensten, Verbänden. Allein in Damaskus gibt es mindestens dreißig Abteilungen: Fotografen, Chauffeure, Mechaniker ... operative Dienste,

Sportabteilungen, Transportbrigaden, die den Transport von Gefangenen zwischen den einzelnen Abteilungen des Militärgeheimdienstes übernehmen. Aber die wichtigsten sind natürlich die Abteilungen, die für Ermittlungen und die Gefängnisverwaltung zuständig sind.

Eines Tages hat ein Kollege mir mitgeteilt, dass wir Leichen von Zivilisten aufnehmen sollten. Er hatte gerade Leichen von Demonstranten aus der Provinz Daraa[2] fotografiert – es waren die ersten Wochen der Revolution, im März oder April 2011. Er weinte, als er mir davon erzählte: ‹Die Soldaten haben die Leichname entehrt. ,Hurensohn‘, haben sie geschrien und sie mit ihren Stiefeln getreten!›

Mein Kollege wollte nicht dorthin zurück, er hatte Angst. Als ich selber hingehen musste, sah ich, wovon er sprach. Die Offiziere sagten, das seien ‹Terroristen›. Keine Spur, es waren bloß Demonstranten. Die Leichen waren in der Leichenhalle des Militärkrankenhauses von Tischrin untergebracht, unweit des Hauptquartiers der Militärpolizei.

Zu Beginn trug jede Leiche einen Namen. Nach einer Weile, es müssen ein paar Wochen oder Monate gewesen sein, hatten sie keine Namen mehr. Bloß Nummern. In der Leichenhalle des Krankenhauses von Tischrin zog ein Soldat sie aus den Kühlschränken und legte sie auf den Boden, damit sie fotografiert werden konnten, bevor sie zurück in die Kühlschränke kamen.

Wann immer wir zu einem Fototermin gerufen wurden,

war schon ein Rechtsmediziner da. Die Rechtsmediziner mussten wie wir keine Uniformen tragen, hatten aber einen militärischen Rang. In den ersten Monaten waren es einfache Offiziere. Später wurden sie durch höhere Dienstgrade ersetzt.

Wenn die Leichen im Krankenhaus eintrafen, trugen sie zwei Nummern. Diese waren auf Klebeband oder mit Filzstift auf die Haut, auf die Stirn oder den Oberkörper, geschrieben – das Klebeband war von schlechter Qualität, es fiel häufig ab. Die erste Nummer war die des Gefangenen selbst, die zweite die der Geheimdienstabteilung, in der er inhaftiert gewesen war. Der Rechtsmediziner, der morgens früher eintraf, wies der Leiche eine dritte zu, für seinen ärztlichen Bericht. Diese letzte Nummer war für unser Archiv die wichtigste. Die beiden anderen waren mitunter undeutlich geschrieben und unlesbar oder schlicht falsch, da es manchmal zu Irrtümern kam.

Der Rechtsmediziner schrieb die medizinische Nummer auf eine Pappe, die er oder ein Beamter der Sicherheitsdienste neben die Leiche legte oder während der Aufnahme in der Hand hielt. Das sind die Hände, die Sie auf den Fotos sehen, die ich außer Landes gebracht habe.

Die Rechtsmediziner waren unsere Vorgesetzten. Wir waren nicht befugt, zu sprechen oder gar Fragen zu stellen. Erteilte uns einer von ihnen einen Befehl, mussten wir gehorchen. Sie sagten: ‹Du fotografierst diese Leichen (zum Beispiel von Nummer 1 bis 30) und gehst wieder.› Um die Toten in den Akten rasch identifizieren zu können, mussten pro Leiche mehrere Aufnahmen gemacht werden, eine vom Gesicht, eine vom ganzen Körper, eine von der Seite, eine vom Oberkörper, eine von den Schenkeln.

Die Leichen waren nach Abteilungen geordnet. Es gab zum Beispiel einen Platz für Abteilung 215 des Militärgeheimdienstes, einen anderen für die Abteilung des Luftwaffengeheimdienstes. Das vereinfachte die Aufnahmen und die spätere Ablage.

Nie zuvor hatte ich so etwas gesehen. Vor der Revolution folterten die Mitglieder des Regimes, um an Informationen zu kommen. Heute foltern sie, um zu töten. Ich habe Kerzenspuren gesehen. Einmal war der Abdruck einer Heizplatte zu erkennen, wie man sie benutzt, um Tee zu erhitzen. Man hatte einem Gefangenen Gesicht und Haare damit verbrannt. Manche hatten tiefe Schnitte, herausgerissene Augen, eingeschlagene Zähne, Spuren von Schlägen mit Starterkabeln. Es gab Wunden, die voller Eiter waren, als hätten sie sich infiziert, weil man sie lange nicht versorgt hatte. Manchmal waren die Leichen mit Blut bedeckt, das noch kaum geronnen war. Sie waren offenbar gerade erst gestorben.

Ich musste Pausen machen, um nicht in Tränen auszubrechen. Ich ging mir das Gesicht waschen. Zu Hause ging es mir auch nicht gut. Ich hatte mich verändert. Obwohl ich eigentlich ein eher ruhiges Temperament habe, regte ich mich plötzlich schnell auf, über meine Eltern, meine Brüder, meine Schwestern. Tatsächlich lebte ich in Angst und Schrecken. Was ich tagsüber gesehen hatte, ging mir nicht mehr aus dem Kopf. Ich sah meine Brüder und Schwestern und stellte mir vor, sie würden zu einer dieser Leichen. Das machte mich krank.

Ich konnte das alles nicht mehr ertragen. Also habe ich beschlossen, mit Sami zu sprechen, einem Freund. Wir wohnten in der gleichen Gegend.»

Sich dem Freund anvertrauen

Sami Eines Abends im Frühjahr 2011 geht Caesar zu Sami. Er ist nervös. Hinter der Wohnzimmertür flüstert er ihm zu:

«Ich muss dir etwas erzählen. Bei der Arbeit geschehen merkwürdige Dinge.»

«Was denn?»

«Ich habe Leichen mit Folterspuren gesehen. Sie sind keines natürlichen Todes gestorben. Und es werden täglich mehr.» Caesar bricht in Tränen aus: «Was soll ich tun?»

Die Familien von Sami und Caesar kennen sich seit mehr als zwanzig Jahren. Die beiden Männer sind schon lange befreundet und sehen sich regelmäßig. Aber im Syrien von Vater und Sohn Assad gibt es Dinge, über die man nicht spricht, die selbst hinter vorgehaltener Hand niemand zu kritisieren wagt, auch im Familien- oder Freundeskreis nicht. Der Präsidentenkult zum Beispiel, die unterdrückte Opposition, die völlige Unfreiheit, die Geheimdienste, von denen die kleinsten Handlungen und Gesten der Bürger flächendeckend überwacht werden. Das Regime hält sich allein durch Terror an der Macht, durch Unterdrückung.

Sami ist Bauingenieur in Damaskus. Er weiß, dass Caesar in einer Abteilung der Militärpolizei damit beauftragt worden ist, Fotos von Unfällen und toten Soldaten zu machen. Es hat ihn nie sonderlich interessiert. Bis zu Caesars erschütternden Offenbarungen.

Nach Tunesien, Ägypten und Libyen rufen in diesem Jahr 2011 auch die Syrer nach ihrem arabischen Frühling. Im Februar begehren die beiden ersten Demonstrationen gegen das Regime in Damaskus auf. Auf Facebook kursiert ein Aufruf zu einer Demonstration am 15. März in Damaskus und drei Tage später, am Freitag, den 18. März, in Daraa. Dort, im ländlichen, von Stammesstrukturen geprägten Süden, auf den die Hauptstadt verächtlich herabblickt, versammeln sich Tausende von Männern und Frauen vor der al-Umari-Moschee. Schulkinder haben ein paar Tage zuvor auf die Mauern einer Schule zu schreiben gewagt: «Das Volk will den Sturz des Regimes.» Sie wurden verhaftet und gefoltert. Ihre Eltern sollten sie nicht mehr wiedererkennen, sie waren entstellt mit der ganzen Verachtung der Sicherheitsdienste für ein Volk, das sie für unterwürfig und ahnungslos hielten, gebrochen von 45 Jahren Willkürherrschaft.

Aber etwas ist geschehen. Mit einer Kraft, die sie nicht mehr zu besitzen glaubten, marschieren die Syrer friedlich gegen die Verhaftungen und fordern Reformen. Obwohl eine Hochburg der Baath, der einzigen syrischen Regierungspartei, will Daraa es nicht länger hinnehmen, von Damaskus marginalisiert und von einer Oligarchie beherrscht zu werden, die sich den bescheidenen wirtschaftlichen Reichtum der Region unter den Nagel reißt.

Die Proteste vom 18. März werden niedergeschlagen, drei Jugendliche werden getötet.

Sofort kommt es überall in der Region und im ganzen Land zu friedlichen Aufmärschen. In den Sprechgesang der Demonstranten hinein eröffnen die Soldaten schonungslos das Feuer. Die meisten Demonstranten fliehen, andere marschieren weiter. In den folgenden Tagen folgt vor den Moscheen eine Beisetzung auf die andere. In Tücher gehüllt, manchmal mit Blumen bedeckt, werden die niedergeschossenen Märtyrer zu Grabe getragen, inmitten einer stetig wachsenden Zahl von Regimegegnern, die ihr «Wahid, wahid!» skandieren: «Ein Volk, wir sind ein Volk!»

Die Syrer wagen es, auf offener Straße das Wort zu ergreifen, sie trotzen der Angst. Viele werden sterben. Zu Tausenden stellen die Regimegegner Filme von den friedlichen Versammlungen ins Netz. YouTube und Facebook-Accounts werden von Videos geflutet, in denen man Opfer sieht, die auf den Straßen mit dem Tod kämpfen, Väter, die beim Anblick ihrer blutüberströmten Söhne in Tränen ausbrechen, klagende Mütter. Weiße Leichentücher, die in die Erde gelassen werden.

Die Filme müssen auch für die aufgenommen werden, die am anderen Ende des Landes wohnen. Um die Zensur zu durchbrechen. Und den Todesopfern der Unterdrückung die Ehre zu erweisen.

Schon einmal, dreißig Jahre zuvor, haben in der Stadt Hama zwischen 15 000 und 25 000 Bewohner den Tod gefunden, sind an die Wand gestellt, von Panzern überrollt, aus dem Fenster geworfen oder bei ihrer Ankunft im Krankenhaus abgeschlachtet worden. Ohne Zeugen niedergeschossen. Zerstörte Leben, viele ohne Grab, ohne letzte Ehre, ohne Andacht. Ausgelöscht. In jenem Februar 1982 wollten die Machthaber in Hama, einer Stadt im Zentrum des Landes, einen Aufstand der Muslimbrüder niederschlagen. Damals kamen die Elitetruppen von Rifaat al-Assad, dem Bruder des damaligen Herrschers Hafiz al-Assad, zum Einsatz. Die kollektiven Strafmaßnahmen zogen sich über mehrere Wochen hin und legten ein Drittel der Stadt in Schutt und Asche. Ohne Fotos, ohne Filme. Verstummte Zeugen, paralysierte Familien. Aber der Granatendonner verbreitete im ganzen Land Angst und Schrecken.

Im Labyrinth der Altstadt von Hama oder im Schatten der neuen Hotels, die man auf Sammelgräbern errichtet hat, weigern die Bewohner sich lange, beim Namen zu nennen, was damals geschah. Eine schweigende, aber unauslöschliche Erinnerung. Wie an jenem Abend im Oktober 2014 in Brüssel, wo nach einer Konferenz über Aleppo eine in Hama geborene Syrerin berichtet, wie sie als kleines Mädchen, das während der Massaker nicht in der Stadt war, einen Monat später in eine Gespensterstadt zurückkam und entdecken musste, dass ein Teil ihrer Familie ausgelöscht worden war. In all den Jahren hatte sie nie darüber sprechen können, aber beim Anblick der Fotos von den Straßen und Moscheen Hamas vor der Zerstörung kehrte die Erinnerung an das Leid ihrer Kindheit zurück.

Während des Dramas von Hama geht Sami noch zur Schule. «Die Terroristen werden in die Schule kommen und uns umbringen», behaupten die Erwachsenen und meinen dabei die Muslimbrüder. Abends organisieren die Lehrer Wachen, um die Bewohner des Viertels zu schützen. Sami sieht seine Mitschüler verschwinden, einen nach dem anderen. Warum? Wie? Am besten, man fragt gar nicht erst. Von den Geheimdiensten verhaftet, kehren manche zurück. Andere nicht, wie jener Freund, ein guter und fleißiger Schüler: Noch heute, 33 Jahre später, wartet Sami auf ein Lebenszeichen.

Eines Morgens, nach einem Lobgesang auf Präsident Hafiz al-Assad, tritt der Direktor auf den Hof, flankiert von den Schergen der Politischen Sicherheit. Sami und seine Klassenkameraden, die vor dem Klassenzimmer in Reih und Glied auf den Beginn des Islamunterrichts warten, sind starr vor Schreck. Ihr Lehrer ist ein altehrwürdiger Herr, die Schüler mögen und respektieren ihn. Die Geheimdienstmitarbeiter beleidigen ihn, sie drohen damit, seine Frau zu vergewaltigen. «Du wirst schon sehen, was es bringt, seinen Vorgesetzten nicht zu gehorchen», höhnen sie. Und führen ihn ab.

«Seine Verhaftung war ein schmerzhafter, aber mehr noch ein erschreckender Augenblick», erinnert sich Sami. «Er hätte mein Vater sein können. Mit einem Mal wurde mir klar, dass wir nicht in einem Land, sondern in einem riesigen Gefängnis lebten. Ich fühlte mich nicht mehr sicher, konnte mich nicht mehr auf den Unterricht konzen-

44

trieren. Ich habe mit meiner Mutter darüber gesprochen. Um mich zu schützen, hat sie mich gebeten, das Geschehene zu vergessen und nie wieder darüber zu sprechen.»

Selbst im engsten Bekanntenkreis muss man aufpassen, was man sagt. Wenn die Jungen abends Wache halten, spricht keiner den Vornamen Hafiz aus, ohne ihm den Präsidententitel hinzuzufügen. Sollte einer der Klassenkameraden ein Spitzel des Geheimdienstes oder der Baath-Partei sein, wäre es um jeden geschehen, der «mangelnden Respekt» gegenüber dem Führer beweist.

29 Jahre später, als er die ersten von Caesar kopierten Fotos sieht, holen die Ängste des Heranwachsenden Sami wieder ein. «Ich begriff, dass in den Gefängnissen die Leute in aller Stille den Tod fanden. Sie verschwanden in den schwarzen Löchern des Regimes.» Folter gab es schon vor der Revolution. Man kannte sie aus den Erzählungen derer, die aus dem Gefängnis kamen, manche nach zwanzig Jahren willkürlicher Gefangenschaft. Erzählungen, die das Regime wohlweislich zuließ, weil sie als Exempel dienten, durch die der Terror in die letzten Winkel, in jeden Haushalt, jeden Kopf eindrang.

Dagegen sind die Folter und der Tod, von denen Caesars Fotografien berichten, vom Regime inventarisiert und zu den Akten genommen worden. Der Staat selbst führt diesmal Buch über den Terror, den er verbreitet. Aufgenommen in den Kerkern der Militärkrankenhäuser, sind diese Bilder unumstößliche Beweise für die Barbarei der Machthaber. Anders als die emotionsgeladenen Amateurvideos, die von Freiheitskämpfern in den Straßen aufgenommen wurden, lassen diese amtlichen Dokumente uns das Blut in den Adern gefrieren.

Caesar will desertieren, seine Arbeit aufgeben. Als Sami davon hört, überzeugt er ihn, es nicht zu tun, da er allein diese Beweise aus dem Innern des Systems sammeln könne. Er verspricht, ihm beizustehen und ihn zu begleiten, was immer auch geschieht. Die beiden Männer, die so verschieden sind, werden fortan unzertrennlich sein. Sami, stolz auf seine Herkunft und Kultur, aber auch geprägt von vier Jahrzehnten Diktatur, ist häufig vorsichtig und misstrauisch. Mit seinen durchdringenden Augen und seinem festen Blick ist er nur schwer zu ergründen. Manchmal hellt ein Lächeln sein Gesicht auf und verrät eine Empfindsamkeit, die er zu verbergen sucht. Wohingegen Caesar, der so direkt ist, sich schlicht und unumwunden ausdrückt wie ein Kind. Seine Worte verbergen nichts, keine Metapher schmückt, was er sagt und so klar wie nur möglich sagen will. Zwei Jahre lang wird der junge Fotograf unter Einsatz seines Lebens Tausende von Gefangenenfotos kopieren, die man heute im Internet sehen kann und von denen manche in einem Raum des Holocaust-Museums in Washington hängen. Sami wird ihn unterstützen, Tag für Tag, zwei Jahre lang. Und das tut er noch heute, auch er irgendwo in Europa.

3

Aus Routine wird Grauen

Caesar «Von einem bestimmten Zeitpunkt an wurden die Leichen auch ins Militärkrankenhaus von Mezze geschickt, das sehr viel größer als das in Tischrin ist. Sein wirklicher Name ist Gefängnis 601. Während Tischrin nur fünf Minuten von unserem Büro entfernt lag, waren es nach Mezze fünfzehn Kilometer, eine halbe Stunde mit dem Auto.

In Tischrin war es einfacher, die Leichen zu fotografieren, weil sie vor Licht und Sonne geschützt lagerten, in der Leichenhalle oder, wenn dort kein Platz mehr war, auf den Gängen. In Mezze lagen sie draußen auf dem Boden, in einer der Garagen, in der Autos gewartet und repariert wurden. Das Krankenhaus liegt am Fuß des Hügels, auf dem die Präsidentengarde ihren Sitz hat. Auf manchen der Fotos sieht man übrigens den Hügel, mit dem Wachhäuschen des Krankenhauses und den Bäumen, die das Gelände der Einrichtung einfassen. Der Präsidentenpalast ist gleich dahinter.

Ich habe Leichen von Christen und Alawiten[3] gesehen. Einer hatte sich das Gesicht von Baschar al-Assad auf den Bauch tätowieren lassen, als Zeichen seiner Ergebenheit.

Meine Kollegen und ich sollten nicht nur die Leichen fotografieren, sondern auch die Akten über sie anlegen. Dazu mussten die Fotos ausgedruckt, nach Abteilungen geordnet, auf Aktendeckel geklebt und abgeheftet werden. Die Arbeit verlief methodisch. Einer druckte die Fotos, ein anderer klebte oder tackerte sie fest, ein Dritter setzte die Berichte auf. Unsere Vorgesetzten unterzeichneten sie und schickten sie an die Militärjustiz. Vor der Revolution befassten wir uns mit Soldatenleichen. Danach machten wir mit den Zivilistenleichen weiter. Als sei alles Routine.

Die Zahl nahm zu. Vor allem seit 2012. Wir arbeiteten ununterbrochen. Der Offizier, der für unsere Abteilung zuständig war, schnauzte uns an: ‹Warum ist das noch nicht erledigt? Die Leichen häufen sich. Los, machen Sie voran!› Er dachte offenbar, wir würden trödeln, aber schneller konnten wir nicht arbeiten. Es kamen immer mehr Leichen, während unsere Abteilung wegen desertierender Soldaten geschrumpft war. Der Stau wurde so groß, dass am Ende die Leichen in der Autogarage von Mezze verklumpten, bevor man Zeit hatte, sie zu fotografieren.

Da sie in Mezze der Sonne und der Hitze ausgesetzt waren, hielten sich die Leichen schlecht, vor allem, wenn sie mehr als zwei Tage dort blieben. Selbst die Soldaten wollten sie nicht anfassen, sie bewegten sie mit der Stiefelspitze, ohne jeden Respekt.

Sie verwesten. Einmal haben wir gesehen, wie ein Vogel einer Leiche ins Auge hackte. Oder die Insekten machten sich über ihre Haut her. Und dann war da der Geruch. Nicht im Krankenhaus von Tischrin, da lagen sie drinnen, aber im Krankenhaus von Mezze, draußen in der Garage. Dieser Geruch, den wir anfangs nicht mehr loswurden, machte uns verrückt. Wir mussten mit ihm fertigwerden. Er war Teil unseres Alltags.

Wir arbeiteten von 8 bis 14 Uhr, dann hatten wir Pause bis 18 oder 19 Uhr. Von 19 bis 22 Uhr ging es nochmal ins Büro. Es waren lange Tage, da man abends fertig werden musste, um nicht in Verzug zu geraten. Man wusste, dass tags darauf neue Leichen warten würden.»

Über jeden Toten eine Akte

Wie in den einstigen Ostblockstaaten wird in Syrien jede Information festgehalten, jedes Dokument archiviert. Ein Staat, der jedem seiner Untertanen misstraut, neigt dazu, alles und jeden zu klassifizieren, um abweichendem Verhalten vorzubeugen. In Syrien traut innerhalb des Regierungsapparats keiner dem anderen über den Weg. Wer Befehle zu befolgen hat, muss nachweisen, dass er sie ordnungsgemäß ausgeführt hat. Die Offiziere fordern Rechenschaft von ihren Untergebenen, die dem pflichtschuldig Folge leisten, aus Angst, als ungehorsam, nachlässig oder Ähnliches eingestuft zu werden – Anschuldigungen, die einen ohne Weiteres ins Gefängnis bringen. In den Hafteinrichtungen des Geheimdienstes sterben Gefangene durch Verhungern oder unter der Folter? Das ist geheim, aber aktenkundig und beurkundet. Mit Totenscheinen, auf denen von einem natürlichen Tod die Rede ist.

Zwei Soldaten fahren in den Hof des Militärkrankenhauses von Mezze, im Zentrum von Damaskus. Kaum ist der Hyundai geparkt, werfen sie ein Dutzend entkleideter Leichen auf den Boden. «Schmeißt die Hundesöhne da hin!» Die Leichen stammen aus Hafteinrichtungen von Abteilungen des Geheimdienstes. «Wie soll ich die denn tragen?» Der zum Krankenhausdienst abgeordnete Wehrpflichtige gerät in Panik, er will die abgemagerten leblosen Körper nicht anfassen und treibt den Kameraden an, der ebenfalls seinen Militärdienst absolviert: «Los, mach schon!» Sie schauen erschrocken drein, die beiden jungen Männer, denen man befohlen hat, die Leichen unter den Hangar zu schaffen.

In bedrohlicher Nähe wacht Baschar al-Assad über das Geschehen. Dort, gleich über ihnen. Die Soldaten müssen nur den Blick heben, um die Felshänge des Mezze-Berges zu sehen. Auf dem Gipfel, nur 400 Meter Luftlinie entfernt, die Festung Baschar al-Assads, von Bäumen umgeben. Der Präsidentenpalast, auch Palast des Volkes genannt, thront über der Hauptstadt.

Hinter der strengen Fassade des gewaltigen Präsidentensitzes verbergen sich zahllose Salons, endlose Gänge, Gemächer mit hohen, über und über vergoldeten Decken. «Die Eingangshalle des Palasts hat eine merkwürdige Ähnlichkeit mit Hitlers Reichskanzlei, allerdings ist seine Lage strategisch sehr viel günstiger, da er über ganz Damaskus thront», sagt der Libanese Walid Dschumblat in *Die Diktatoren von Damaskus*, einem Dokumentarfilm von Christophe Ayad und Vincent de Cointet, der 2011 auf

Arte ausgestrahlt wurde. Nach Jahren der internationalen Isolation im Gefolge der Ermordung des libanesischen Präsidenten Rafiq al-Hariri, die zahlreiche Experten den syrischen Geheimdiensten zuschreiben, ist Baschar al-Assad wieder gesellschaftsfähig geworden. 2010 macht sich Walid Dschumblat, Führer der libanesischen Drusen, auf den Weg nach Damaskus. Der Mann, der Assads Besetzung des Libanon so scharf gegeißelt hat, besichtigt nun die merkwürdige Höhle des Syrers. Wie viele andere westliche Diplomaten, die den Dialog mit Baschar wieder aufnehmen.

Gleich am Fuß des Präsidentenpalastes also liegt der Ort, an dem täglich, oder fast täglich, neue Leichen eintreffen. Die Soldaten lernen, wie man sie trägt oder über den Boden schleift, um sie dann nach den Geheimdienstabteilungen, in denen sie gefangen gehalten wurden, zu sortieren. Tag für Tag die gleichen Verrichtungen. Gegen 7 Uhr trifft der Gerichtsmediziner ein. Einen Block mit großen, in drei Spalten unterteilten Seiten in der Hand, geht er von Leiche zu Leiche. Jede trägt zwei Nummern. Für seinen Bericht fügt der Rechtsmediziner eine dritte hinzu. Auf Karton geschrieben, wird sie auf oder neben den Leichnam gelegt. Der Fotograf macht seine Aufnahme mit einer Digitalkamera, einer Nikon Coolpix P50 oder einer Fuji. Danach greift der Rechtsmediziner wieder zum Block, um die drei Nummern in die entsprechenden Spalten einzutragen.

Ein Soldat begleitet ihn als «Augenzeuge» und nennt ihm die Merkmale des Toten, die er in die erste Spalte eintragen muss: Ungefähres Alter, Größe, Haut- und

Haarfarbe, etwaige Tätowierungen, Schussverletzungen ... Und die Todesursache, die immer gleich, nämlich entweder «Herzversagen» oder «Atembeschwerden», lautet. Von Folter ist selbstverständlich nirgends, auf keinem Stück Papier die Rede.

Zuletzt zieht der Gerichtsmediziner einen Schlussstrich unter die Angaben und geht zur nächsten Person über. Im Schnitt stehen auf einer Seite die Angaben zu drei oder vier Toten. In den Büros der Rechtsmediziner, die im Krankenhaus von Tischrin stationiert sind, kommt der ärztliche Bericht zu den Akten.

Sobald sie mit den Fotos fertig sind, kehren Caesar und seine Kollegen in die Diensträume der Militärpolizei zurück, um ihren eigenen Bericht aufzusetzen, der an die Militärjustiz geht. Vor dem Krieg, am Anfang der Revolution, hatte jeder Tote eine eigene Akte. Aber allmählich machte es die ständig wachsende Zahl der Leichen erforderlich, in einer Akte erst zehn, dann fünfzehn, zwanzig Gefangene zu erfassen.

Die Akten tragen den Briefkopf der Arabischen Republik Syrien, Zweig Militärpolizei, Abteilung Kriminalfotografie. Die Überschriften sind vorgedruckt: «Rechtsnachweis», «Fotografischer Vermerk zum Todesfall», «Angaben zum Todesfall».

Die Soldaten der Abteilung für Kriminalfotografie müssen jedes Formular von Hand ausfüllen. Beispiel vom Mai 2013 (das Originaldokument ist im Anhang abgebildet):

Arabische Republik Syrien
Zweig Militärpolizei
Rechtsnachweis
Abteilung Kriminalfotografie
Nummer xxx/xxx

Fotografischer Vermerk zum Todesfall

Angaben zum Todesfall:

Im Auftrag des Militär-Oberstaatsanwalts fotografisch dokumen-
tiert wurde der Todesfall der Häftlinge Nr. xxxx/B, xxxx/B,
xxxx/B, xxxx/B, xxxx/B, xxxx/B, xxxx/B, xxxx/B.

Die Häftlinge kamen aus der Abteilung 227 der Geheimdienste.
Die Leichen wurden auftragsgemäß fotografiert in der Leichen-
halle des Militärkrankenhauses 601, am xx/xx/2013.
Die Fotos wurden von Sergeant x gemacht.

Gezeichnet:
Bevollmächtigter für Rechtsnachweise, x

Generalmajor der Fallschirmjäger,
Kommandant der Militärpolizei, x

Im Anschluss werden die Fotos der Leichen eingeklebt.
Schließlich werden die Fotos und Unterschriften durch
den Stempel des Generalkommandos der Armee und der
Streitkräfte gegengezeichnet.

Tags darauf ein anderes Blatt, Mai 2013:

Arabische Republik Syrien
Zweig Militärpolizei
Rechtsnachweis
Abteilung Kriminalfotografie
Nummer xxx/xxx

Fotografischer Vermerk zum Todesfall

Angaben zum Todesfall:

Im Auftrag des Militär-Oberstaatsanwalts fotografisch dokumentiert wurde der Todesfall der Häftlinge Nr. xxxx/B, xxxx/B, xxxx/B, xxxx/B, xxxx/B, xxxx/B, xxxx/B, xxxx/B, xxxx/B, xxxx/B, xxxx/B, xxxx/B, xxxx/B, xxxx/B, xxxx/B, xxxx/B, xxxx/B, xxxx/B.

Die Häftlinge kamen aus der Abteilung 227 der Geheimdienste. Die Leichen wurden auftragsgemäß fotografiert in der Leichenhalle des Militärkrankenhauses 601, am xx/xx/2013. Die Fotos wurden von Sergeant x gemacht.

Gezeichnet:
Bevollmächtigter für Rechtsnachweise, x

Generalmajor der Fallschirmjäger,
Kommandant der Militärpolizei, x

4
Die Archive des Todes

Caesar «Die Fotos auf dem Rechner zu sehen, war noch schmerzhafter, als die Leichen zu fotografieren. Vor Ort, mitten unter den Leichen, konnte man nicht innehalten. Der Rechtsmediziner trieb uns zur Eile an, und wir wurden von Beamten der Sicherheitsdienste beobachtet, die unsere Reaktionen schriftlich festhielten. In Syrien überwacht ohnehin jeder jeden.

Da wir auch nicht befugt waren, Fragen zu stellen, war es leichter, die Fotos zu machen, ohne die Verletzungen wirklich anzuschauen, und jedes Gefühl zu unterdrücken.

In der Stille unseres Dienstzimmers hatten wir dagegen größere Freiheiten und vor allem Zeit. Wenn wir dort die Fotos ausdruckten und einklebten, konnten wir den Blick nicht mehr abwenden. Sie lagen vor uns. Es war schrecklich. Das Bild war da. Der Gefangene erwachte vor unseren Augen zum Leben. Jetzt erst sah man den Körper wirklich, stellte sich die Folter vor, spürte die Schläge. Danach mussten wir den Bericht schreiben. Als sollte sich uns das, was wir gesehen hatten, noch stärker ins Gedächtnis eingravieren. Binnen eines Monats Gefangenschaft konnten sich die Gesichter der Gefangenen völlig verwandeln. So sehr, dass sie nicht wiederzuerkennen waren.

Einer meiner Freunde ist in Gefangenschaft gestorben. Wir hatten ihn fotografiert, ohne zu wissen, wer er war. Erst viel später, als ich heimlich Nachforschungen für seinen Vater angestellt habe, ist mir aufgegangen, dass sein Foto durch meine Hände gegangen war und ich ihn nicht erkannt hatte. Er war nur zwei Monate in Haft gewesen. Und dabei handelte es sich um jemanden, den ich vor seiner Verhaftung fast täglich gesehen hatte.

Sein Vater hatte von der Militärpolizei erfahren, dass sein Sohn in der Haft verstorben sei. Er wollte es nicht wahrhaben. ‹Ich habe Kontakt mit dem Militärkrankenhaus aufgenommen›, habe ich ihm versichert. ‹Und man hat mir bestätigt, dass dein Sohn tot ist.› Tatsächlich hatte ich unsere Archive durchforstet und war auf sein Foto gestoßen. Da ich zum Schweigen verpflichtet war, konnte ich es seinem Vater natürlich nicht sagen. Niemand wusste, dass die Leichen sämtlicher Gefangener systematisch fotografiert wurden, bevor man sie in ein Sammelgrab warf.

Zu Beginn empfand ich Abscheu. Ekel. Es konnte vorkommen, dass ich drei oder vier Tage praktisch nichts zu mir nahm. Dann wurde es Alltag, Routine, ein Teil von uns. Wir waren wie leblos. Das war die einzige Art, es durchzustehen. Was hätten wir anderes tun können? Wir hatten Angst. Wer seinen Gefühlen Ausdruck verlieh, konnte festgenommen und zu Tode gefoltert werden und selbst eine dieser Leichen werden. Und wir hatten auch Angst um unsere Angehörigen und Freunde, Angst davor, dass auch sie festgenommen, auch sie unter diesen Leichen sein würden.

Eines Tages war einer meiner Kollegen im Krankenhaus von Mezze. Die Leichen lagen nebeneinander. Als er sich über eine von ihnen beugte, hatte er den Eindruck, der Mann lebe noch. Er atmete leise. ‹Soll ich ihn fotografieren? Er lebt noch›, fragte mein Kollege die Soldaten, die für das Hin- und Herräumen der Leichen zuständig waren.

Der Rechtsmediziner kam hinzu und regte sich auf: ‹Was soll das heißen, er lebt noch? Und was soll ich jetzt bitte tun? Das bringt mir meine ganzen Nummern durcheinander!› Er war außer sich, weil er die Nummern, die den Leichen für den ärztlichen Bericht zugewiesen wurden, schon in sein Heft eingetragen hatte. Wenn der Mann noch am Leben war, würde er sie streichen, neue Nummern vergeben, sie wieder eintragen, also ganz von vorn beginnen müssen. ‹Reg dich nicht auf. Du gehst jetzt mal deinen Tee trinken, und wenn du wiederkommst, ist die Sache erledigt›, antwortete ihm ein Soldat. Als der Rechtsmediziner zurückkam, waren sie mit den Fotos fertig.

Meine Kollegen und ich waren ein Team von zwölf Fotografen. Man unterstützte sich gegenseitig. Aber man konnte sich nicht wirklich trauen. Manchmal unterhielt man sich flüsternd mit einem der anderen, ohne zu wagen, die Bürotür zu schließen, aus Angst, es könnte jemand auf den Gedanken kommen, man konspiriere oder kritisiere das Regime. Wir waren jedenfalls nicht befugt, die Tür zu schließen. Ich sagte mir: ‹Am Tag des Jüngsten Gerichts wird man Rechenschaft von uns fordern: ‚Warum habt ihr all die Jahre zu diesem verbrecherischen

Regime gehalten? Warum seid ihr geblieben?' Wir hatten Angst. Was sollte man darauf antworten?

Ich war ratlos. Ich fragte mich: ‹Was passiert hier?›»

Berichten, solange noch Zeit ist

Abu al-Laith «Was passiert? Wir sind auf die Straße gegangen, um gegen die Ungerechtigkeit zu protestieren, und sind zu Nummern geworden. Das ist es, was passiert.» Es ist eine Mischung aus Wut, Verbitterung und Schmerz, die Abu al-Laith umtreibt. Sieben Monate hat der ehemalige Geschäftsmann in Gefangenschaft verbracht, erst in der Abteilung 227 des Militärgeheimdienstes, dann in einer Zelle des Zivilgefängnisses von Adra, das eigentlich für Strafgefangene bestimmt ist. Der ausführliche Bericht dieses verlässlichen Zeugen führt uns in die unterirdischen Kerker der Hafteinrichtungen.

Wer an diesem Nachmittag des Jahres 2015 dem sportlichen Mann begegnet, der mit federndem Schritt durch die Straßen von Istanbul läuft, ahnt nichts von der Hölle, die diesen namenlosen syrischen Flüchtling nicht mehr loslässt.

Aber am Abend – Abu al-Laith ist meiner Einladung gefolgt, sich im Schutz eines abgelegenen Cafés zu treffen – spricht der Mann über das, was aus ihm geworden ist. Ein Schatten seiner selbst, zerrüttet, fremd im eigenen Körper und in einer Welt, in der er «keine Ruhe findet», nicht mehr weiß, wohin er gehen soll. Unter dem beruhigenden Einfluss des verschwiegenen Orts und der späten Stunde, zu der man sich für vertrauliche Mitteilungen Zeit lassen kann, findet Abu al-Laith, auf Kissen am Boden sitzend, allmählich Worte für das, was er seit Monaten verdrängt. Ja, nur zu gern würde der ehemalige Geschäftsmann in seine Heimat im Qalamun-Gebirge zurückkehren, in das Land, in dem er geboren wurde und aufwuchs, das Land seines Vaters und des Vaters seines Vaters. Vor allem aber will er, muss er sprechen.

Denn seine eigene Geschichte erzählen heißt, das Leid aller Gegner des Assad-Regimes zur Sprache zu bringen. Die Wahrheit über sich selbst offenbaren heißt, sein eigener Herr zu werden und die Geschichtsschreibung nicht dem Regime zu überlassen. «Die Bücher, die man uns in der Schule zu lesen gab, und die Baath-Partei bläuten uns den Hass auf die Demokratie ein. Ist es möglich, dass ein Mann ein Land gegen sein Volk regiert? Muss man ein Hund sein, um geachtet zu werden? Im Westen werden die Tiere besser behandelt, als wir es wurden.»

Am Morgen des 17. Dezember 2012 sitzt Abu al-Laith in einem Wagen auf einem abgelegenen Weg unweit des Flughafens von Damaskus und wartet. Ein Offizier der Armee will desertieren und den Aktivisten dort treffen, um sich den Reihen der Opposition anzuschließen. Der Soldat schützt dringende Einkäufe vor, um die Kaserne zu verlassen und zum Treffpunkt zu kommen. Aber sein Telefon wird überwacht. Als er anruft, um zu sagen, dass er geflohen sei, tauchen Beamte des Geheimdienstes auf, um Abu al-Laith zu verhaften.

Es ist 9 Uhr. Sie führen ihn direkt in die Folterkammer

jener Abteilung 227 des Geheimdienstes, die auch «Todesabteilung» genannt wird und die Vororte von Damaskus überwachen soll. Sie sitzt in einem Gebäude im Zentrum der Hauptstadt, nur ein paar hundert Meter entfernt vom Sheraton-Hotel, in dem Touristen und Geschäftsmänner verkehren. Und weniger als 500 Meter von der Oper von Damaskus, einem Wahrzeichen der Hauptstadt.

Noch bevor die Befragung begonnen hat, befehlen ihm die Untersuchungsbeamten sich auszuziehen, verbinden ihm die Augen und schlagen ihn mit einem metallenen Schlagstock ins Gesicht. «Zwei Mann hielten meine Arme fest», erzählt er. «Einer schlug mir auf den Kopf, der andere auf Schultern und Rücken. Für einen Augenblick wurde ich ohnmächtig.»

«Du bist ein Terrorist», schreit ihn einer der ihn Verhörenden an, der ihn auf eine Art Kiste steigen lässt, seine Hände an der Decke befestigt und die Kiste unter ihm wegtritt. An den Handgelenken aufgehängt, verliert Abu al-Laith erneut das Bewusstsein. Drei Mal. Jedes Mal wird er durch Schläge auf den Kopf «reanimiert».

«Wenn du alles zugibst, kannst du dich ausruhen.»

«Ich habe nichts zu sagen», antwortet der Aktivist.

Wie seine Brüder hat Abu al-Laith sich sehr früh der Revolution angeschlossen. Im Sommer 2011 wird die friedliche Revolution zum bewaffneten Kampf. Wie soll man weiterhin durch die Straßen ziehen und regimekritische Parolen anstimmen, wenn die Armeepanzer die Plätze besetzen, in den aufständischen Vierteln Streife fahren und Dörfer einkreisen, die von der Opposition gehalten werden? Wie die Stellung halten, wenn die Soldaten das Feuer auf die Demonstranten eröffnen? Fast überall greifen Zivilisten zu den Waffen, um den Protestmärschen Begleitschutz zu geben. Zugleich wächst die Zahl der Deserteure. Eine «Freie Syrische Armee» bildet sich und sucht unter ihrer Flagge die Einheiten dieser lokalen Widerstandskämpfer zu vereinen. Die Opposition hält es damals für möglich, das Regime mit Waffengewalt zu stürzen.

Die Familie von Abu al-Laith stammt aus dem Qalamun. Diese Bergregion, die stolz auf ihre Unabhängigkeit ist, befindet sich seit Frühling 2012 in der Hand der Rebellen. Im Norden der Hauptstadt gelegen, liegt die Region über der Achse Damaskus – Homs, die strategisch bedeutsam ist, weil sie zur Küste führt, die als Hochburg der Alawiten gilt, der Religionsgemeinschaft, der Präsident Baschar al-Assad angehört. Das Qalamun grenzt an den Libanon, an die südlichen Ausläufer der Biqaa-Ebene, die Rückzugsort zahlreicher Rebellen ist, aber auch eine Hochburg der Hisbollah, jener schiitischen libanesischen Partei, die das syrische Regime unterstützt.

Abu al-Laith hilft Soldaten, die Reihen der regierungstreuen Armee zu verlassen. Derjenige, auf den er an jenem Morgen des 12. Dezember wartete, hat seine «Umtriebe» unter der Folter gestanden. «Die Männer, die mich schlugen, erwarteten, ich würde dadurch meinerseits die Namen von Komplizen preisgeben. Sie nannten mir auch Namen und wollten, dass ich sagte, das seien Terroristen. Ich sollte zugeben, an Demonstrationen teilgenommen zu haben, und ihre Organisatoren denunzieren.»

Da Abu al-Laith schweigt, tauchen die Folterer seinen

Kopf in einen Wasserbottich. «Ich glaubte zu ertrinken. Als sie meinen Kopf wieder hochzogen, versetzten sie mir Elektroschocks, um mich dann wieder ins Wasser zu drücken.» Danach wird er auf den Boden der Toiletten geworfen, halb bewusstlos, mit betäubtem Gesicht und lange unfähig, sich zu rühren. Schließlich wird er vor einen Offizier geführt, der ihn in die Zelle steckt.

In jenem Café in Istanbul sinkt Abu al-Laith noch tiefer in die Kissen und raucht eine weitere Wasserpfeife. Schweigen. Unaussprechliche Erinnerungen, allzu gegenwärtige Bilder – der Überlebende vergisst seine Gesprächspartner. Dann fährt er leise, mit einem unbeholfenen Lächeln fort: «Geschlagen zu werden, ist nichts im Vergleich zu dem, was mir danach widerfahren ist. Wenn du geschlagen wirst, weißt du nicht, was du sagen sollst. Häufig sind die Geheimdienste längst im Besitz der Informationen, die du über dich preisgeben sollst. Sie versuchen, dich körperlich zu zerbrechen. Zumal dann, wenn du die Freie Syrische Armee unterstützt. Aber die Folter geht darüber hinaus. Das System will dein Menschsein zerstören. Man wusste ja, dass das System verbrecherisch ist, aber in diesem Ausmaß ... Baschar al-Assad möchte sein Volk umbringen. Nicht bloß, indem er es körperlich auslöscht. Er möchte es entmenschen.»

Nach drei Tagen Misshandlung wird Abu al-Laith in eine winzige lichtlose Kammer gesteckt, in der er sich kaum rühren kann. Er spürt etwas, das gegen ihn drückt, tastet mit der Hand und erkennt einen Körper. Dann zwei, drei. Ineinander verkeilt, kalt. Kein Atemzug, aber ein atemberaubender Gestank. Auf seinen Schenkeln bewegt sich etwas, es kribbelt. Maden? Der Mann fängt an zu schreien. Er brüllt. Heult. Die Leichen machen ihm Angst. Von draußen hört er Geräusche, wie von jemandem, der vor Schmerzen wimmert, röchelt. Er verstummt, horcht und schläft schließlich ein, inmitten des Fleischhaufens. Ein oder zwei Tage vergehen. Eine Ewigkeit. Er begreift, dass seine Kerkermeister wollen, dass er die Geräusche erkennt, die durch die Wand dringen. Er soll wissen, dass ganz in der Nähe Menschen zu Tode gefoltert werden. Irgendwann werden die Schreie immer lauter, um plötzlich zu verstummen. Aus dem Mund des Folterers hört er drei Wörter: «Er ist krepiert.» «Da», sagt der einstige Gefangene, «bin ich psychisch zusammengebrochen.»

Kurz darauf holen ihn seine Wärter und werfen ihn in eine andere, größere Zelle. Nackt, im Dunkeln. Dort ist schon ein Körper, noch warm! Zweifellos der Mensch, der gerade seinen letzten Schrei ausgestoßen hat. Jemand kommt, um ihn hinauszutragen, und für sechs Monate wird Abu al-Laith allein in diesem Raum bleiben. Offenbar wollen «sie» nicht, dass er stirbt. «Sie» wollen ihn bestrafen und vor allem zerbrechen. Die anderen Zellen auf dieser Etage der Abteilung 227 sind keine Einzelzellen. Jeden Tag rufen die Kerkermeister die Gefangenen beim Namen auf, die darauf «anwesend!» sagen müssen.

Abu al-Laith dagegen hat keinen Namen mehr. Kein Recht mehr zu sprechen. Er trägt fortan die «Nummer 1».

«Nummer 1», brüllen die Wächter beim Appell. Als Antwort soll Abu al-Laith nur gegen die Wand klopfen, um zu zeigen, dass er nicht tot ist.

Die Einsamkeit, die Stille, der Hunger, erst die Kälte des Winters, dann die Hitze des Sommers – Abu al-Laith beginnt zu halluzinieren. Er bittet Gott, ihn zu erlösen. Im Dunkeln hört er, wie jemand ihm zuflüstert, beharrlich: «Du darfst nicht sterben.» Selbst seine tröstende Hand glaubt der Gefangene auf der Stirn zu spüren. «Leg mir noch einmal die Hand auf», bittet er ihn. Der Schatten willigt ein und ermahnt ihn, auf sich zu achten und Übungen zu machen, um in Form zu bleiben. «Aber was willst du?», fragt Abu al-Laith schließlich, mit erhobener Stimme. «Hund, mit wem sprichst du?», brüllt einer der Wärter. Abu al-Laith bleibt stumm und begreift, dass seine Sinne sich verwirren. «Aber diese Stimme», sagt er heute, «hat mir geholfen durchzuhalten.»

Später wird eine andere Stimme ihm beistehen, eine wirkliche diesmal. Abu al-Laiths Isolierzelle geht auf den Gang und die Toiletten. Wenn man ihm erlaubt, dorthin zu gehen, trifft er andere Gefangene, die den Kopf gesenkt halten müssen und das Wort nicht an ihn richten dürfen. Es ist ihnen auch untersagt, die kleine Klappe an seiner Tür zu öffnen, um zu schauen, wer eigentlich diese Nummer 1 trägt. Eines Morgens wagt es ein Mann, ihn zu fragen, woher er kommt. Abu al-Laith zögert.

«Ich komme aus Banyas», insistiert der Mann. «Ich heiße Adil, hier ist meine Telefonnummer: xxx xxx. Kannst du meine Mutter anrufen, wenn du rauskommst?»

«Ich bin aus dem Qalamun», getraut sich Abu al-Laith zu sagen.

«Schlaf nicht ein und sprich nicht, bevor ich dreimal an die Tür klopfe.»

Später schiebt ihm der Mann ein Stück Brot durch die

schmale Öffnung in der Tür. «Er hat mein Leben verändert, er war wirklich nett zu mir. Nicht wie die anderen *sukhra*», sagt Abu al-Laith anklagend. Adil ist tatsächlich ein *sukhra*, ein «Zwangsarbeiter».

Sukhra werden oder sterben

Mazin al-Hamada Der *sukhra* ist zu einem wichtigen Rad im Getriebe der Todesmaschinerie geworden. 2012 füllen sich die Zellen in den Abteilungen des Geheimdienstes. Seit dem Beginn der Revolution und den vermehrten willkürlichen Festnahmen treffen von überall Gefangene ein. Bevor sie in diese Hafteinrichtungen geschickt werden, hält man sie oft in öffentlichen Gebäuden fest, die in der Provinz wie in der Hauptstadt heimlich dafür eingerichtet werden: Häusern, Schulen, Stadien, Büros der Baath-Partei, in denen sie oft Wochen verbringen.

Selbst das schreckliche Gefängnis von Palmyra, ein Lagerkomplex in der Wüste im Osten, muss wieder geöffnet werden. Dreißig Jahre lang wurden dort Zehntausende von Oppositionellen, Kommunisten, Islamisten, Menschenrechtsaktivisten verwahrt, zuweilen in Absonderungshaft, gefoltert, hingerichtet. 2001 wegen Baufälligkeit geschlossen, wird es zehn Jahre später, im Juni 2011, wieder in Betrieb genommen. Dreieinhalb Monate nach Beginn der Revolution. Im April 2015 zerstören die Dschihadisten des «Islamischen Staates» nur ein paar Tage nach der Eroberung der Stadt das Straflager als

Wahrzeichen der Tyrannei der Assads. Und nehmen alle Dokumente, alle Beweise für die Hölle mit. Für das Regime ein Segen.

Ob in Damaskus oder den Provinzen, die Wärter der Hafteinrichtungen sind nicht zahlreich genug, um den Zustrom von Gefangenen zu bewältigen. Sie stützen sich darum auf die *schawisch* und die *sukhra*, um so im Dunkel der Zellen eine neue Hierarchie der Angst zu errichten. Die *schawisch* (arabisch für «Unteroffiziere») sind Strafgefangene, die schon seit mehreren Jahren in Haft sind. Von der Verwaltung ausgewählt, sollen sie für Ordnung in den Schlafsälen sorgen, die Gefangenen überwachen und sie bestrafen. Die ihnen unterstehenden *sukhra*, bei denen es sich manchmal um ehemalige Kriminelle handelt, meist aber um Zivilisten, die während der Revolution festgenommen wurden, sind ihnen dabei behilflich, die Ordnung aufrechtzuerhalten. Eine Aufgabe, die sie gegen ein paar Vergünstigungen, ein bisschen Verpflegung übernehmen. Und ein Privileg, das Konflikte mit den anderen Gefangenen heraufbeschwört.

Mazin al-Hamada war ebenfalls ein *sukhra*. Vielleicht war es das, was ihn gerettet hat. Vielleicht aber auch sein erbitterter Wille, lebend herauszukommen, um berichten zu können, um Zeugnis abzulegen. Was er heute tut.

Als Angestellter von Schlumberger Ltd., einem in Frankreich gegründeten multinationalen Ölunternehmen, hatte der Techniker in Dair az-Zaur, im Norden des Landes, gearbeitet. Zweimal, im April und im Dezember 2011, war er mit seinen damals 34 Jahren schon in Gewahrsam genommen worden, weil er Videos von Demonstrationen aufgenommen und ins Netz gestellt hatte. Im Frühjahr 2012 wird der Oppositionelle ein drittes Mal verhaftet. Diesmal wird ihm diese Ehre zuteil, als er einer Ärztin in einem vom Regime belagerten Vorort etwas Milch bringt. Sie treffen sich in einem Café auf dem überdachten Basar von Hamidiya. Kaum ist die Ärztin gegangen, werden der Aktivist und zwei seiner Neffen, die ihn begleitet haben, verhaftet und in eine Abteilung des Luftwaffengeheimdienstes verbracht.

Anderthalb Jahre wird der Öltechniker in Haft verbringen, zunächst in verschiedenen Räumen des Militärflughafens von Mezze, die man zu Zellen umfunktioniert hat, dann zwei Monate im Zivilgefängnis von Adra und schließlich zehn Tage bei der Politischen Sicherheit, bevor er im September 2013 freikommt.

Nach den ersten Verhör- und Foltersitzungen wird Mazin in einen elf mal sechs Meter großen Schlafsaal geworfen. Mitten unter 180 Personen, die wie er selbst nur mit Boxershorts oder einem Slip bekleidet sind. Von den *sukhra* hat er bis dahin nie gehört. In der Zelle organisiert einer von ihnen die zwei täglichen Toilettengänge, bei denen die Gefangenen zu zehnt Schlange stehen müssen, um dann paarweise ihre Notdurft zu verrichten. Ein anderer ist für Medikamente zuständig. In einer der Tüten, in denen syrische Fladenbrote verkauft werden, hat er eine Handvoll Schmerztabletten, die er, je nach Schwere der Verletzungen, mit äußerster Sparsamkeit ausgibt.

«Diese Medikamente gab es nur, damit die Wärter ihren Vorgesetzten melden konnten, wir seien medizinisch versorgt. Es war eine Farce. Die Offiziere kontrollierten die Einhaltung der Regeln, aber sie wussten genau, dass die Medikamente nicht ausreichten.»

«Haben Sie alles, was Sie brauchen?» Ein Leutnant kommt den Gang entlang und inspiziert aus gebührendem Abstand die Zellen.

«Nein. Wir haben nicht genug Medikamente, ich habe Schmerzen!», wagt sich ein Gefangener aus dem hinteren Teil des Schlafsaals vor. Dem Mann sind die Zehen abgeschnitten worden, der Wundbrand zieht sich das ganze Bein hinauf.

«Doch, doch, sie haben alles, was sie brauchen», versichert der Wärter.

«Sehr gut.» Der Leutnant geht.

Kaum ist der Offizier fort, stellt der Wärter einen Fuß in die Tür, er ist wütend.

«Wer hat gesagt, dass nicht genug Medikamente da sind?»

«Das war ich», antwortet der Verletzte.

Der Wärter zerrt ihn aus der Zelle und schlägt ihn mit einem Plastikschlauch, zwei Kollegen helfen ihm dabei. Dann packen sie seinen Kopf, pressen ihn mit dem Unterkiefer in die Öffnung oben an der Tür und schlagen zu, bis seine Zähne brechen.

In der Zelle versucht ein Deserteur zu protestieren. «Er

wollte nur etwas, um seine Wunde zu versorgen.» «Friss deine Scheiße», brüllt ein Wärter, der in der Menge der Gefangenen einen Stock schwingt.

Mazin senkt den Blick, beißt die Zähne zusammen und zieht den Kopf ein, wie alle anderen auch. Er weiß nur zu gut, was jetzt kommt, da er drei Monate in einer anderen Zelle verbracht hat. Von der Hitze und dem Eingepferchtsein um den Verstand gebracht, war dort ein Mann aufgestanden, um über seine Zellengenossen zu steigen und mit den Fäusten an die Tür zu trommeln: «Warum sperrt ihr uns ein? Hundesöhne! Sei verflucht, Baschar, sei verflucht, Abu Baschar, sei verflucht, Hafiz, sei verflucht, Abu Hafiz, sei verflucht, Dschamil Hasan[4]!»

Die Wärter hatten alle mit dem Gesicht gegen die Wand aufgestellt und auf sie eingeschlagen, selbst auf die, die halb tot zu Boden gingen. Danach hatten sie den «Aufrührer» gepackt, ihn auf dem Zellengang an den auf dem Rücken gefesselten Händen aufgehängt und von links nach rechts schwingen lassen.

Tack, tack, tack … «Ich höre noch das Geräusch, das seine Schultern machten, die ausgekugelt wurden, als er hin und her schwang.» Seither kommt Mazin kein Wort über die Lippen, was immer in der Zelle geschehen mag.

Und eines Tages ist er *sukhra* geworden. Die *schawisch* hatten den Wärtern seinen Namen genannt, ohne es ihm zu sagen. «Ab morgen bist du *sukhra*», hatte ihm der Wärter mitgeteilt.

Ein Glück für ihn? Für den Augenblick ist Mazin beruhigt. Er hat Jahre im Untergrund gegen das Regime gekämpft, hat sich aktiv an der Revolution beteiligt. Er kennt die Risiken. «Ich wusste, dass ich lange im Gefängnis verfaulen würde», berichtet er. «Und bestenfalls die Chance hatte, durch einen Gefangenenaustausch freizukommen. Als *sukhra* würde ich die Zelle verlassen, frische Luft atmen können.»

Aber schon am nächsten Morgen holt ihn die Realität wieder ein. Ein Mann aus einem Vorort von Damaskus war eingeliefert worden, mit wackelndem Kopf, die Augen von den Schlägen zugeschwollen. Die Gefangenen hatten ihn auf ein Podest im Hintergrund der Zelle, eines ehemaligen Unterrichtsraums, gelegt. Zwei Tage hatte er durchgehalten. Der erste Leichnam, den Mazin als *sukhra* nach draußen schaffen muss. Er hüllt ihn in eine Decke und trägt ihn mit einem Jugendlichen bis zum Dienstzimmer der Offiziere am Ende des Gangs.

Dann kommt er zurück. Und bricht zusammen. Er möchte sich gegen die Tür werfen, die Wächter beschimpfen, losschreien. Seine Freunde hindern ihn daran, er weint. Einer seiner Neffen, der mit ihm verhaftet wurde und noch bei ihm ist, ein starker Junge, nimmt seine Hände und hält ihn fest: «Pass auf, wenn du das tust, werden sie dich zu Tode foltern.» Dann führt er ihn zur Toilette und benetzt sein Gesicht mit Wasser. Mazin ist Stunden wie betäubt, bevor er sich wieder fängt.

«Ich hatte die Ratschläge meiner Brüder vergessen», sagt

der Überlebende heute. Mazin ist das jüngste von neunzehn Geschwistern, elf Brüdern und acht Schwestern von zwei Müttern. Seine Brüder hatten oft vom Gefängnis gesprochen. Die ältesten hatten Jahre in Haft verbracht. Abends, im Familienkreis oder bei Treffen mit anderen Oppositionellen, erzählten sie, und der junge Mazin hörte zu. «Wenn du in Gefangenschaft bist, musst du die Außenwelt vergessen», betonten sie, «sonst gehst du zugrunde. Du darfst nur an den Ort denken, an dem du bist, die Mauern anschauen, die Fliesen zählen, dich auf das Essen konzentrieren. Sobald du die Außenwelt in deine Zelle lässt, wirst du sterben.»

Sukhra zu sein ist auch eine Folter

Der zweite Leichnam, den Mazin aus dem Schlafsaal schaffen muss, ist der eines jungen Mannes mit sanfter, melodischer Stimme. Salih. Draußen kämpfen regierungstreue Truppen mit den Rebellen von Mudamya nahe Damaskus. Die Stadt, die im Süden an den Flughafen grenzt, wird seit Monaten von den Regierungstruppen belagert. An diesem Tag nähern sich die Auseinandersetzungen dem Fluggelände mit seinen zu Gefängnissen umfunktionierten Gebäuden. Die Offiziere des Militärflughafens legen die Elektrizität lahm, um die Lichter auszuschalten und den Beschuss durch die Aufständischen in die Irre zu lenken.

Im Schlafsaal stehen die Ventilatorenflügel still. Den Gefangenen geht schon bald die Luft aus. Nach ein paar Stunden nähert Salih sich der Tür und schreit. «Welcher

Hund, welches Tier klopft da an die Tür?», fragt ein Wärter. Salih verlangt nach Luft. Die Wärter ergreifen und schlagen ihn. Schließlich bringen sie ihn zurück.

Als er tot ist, herrscht großer Aufruhr in der Zelle. Die Wärter müssen zu fünft oder sechst hinein, um alle mit Stockschlägen auseinanderzutreiben, und lassen Mazin zusammen mit einem anderen *sukhra* Salihs Leiche hinaustragen, um sie in einen Militärkrankenwagen zu bringen. Für gewöhnlich versammelt sich die ganze Zelle, wenn einer von ihnen gestorben ist. Mit den Händen über den Augen und gesenkten Köpfen stehen sie da und halten die Tränen zurück. Ein Geistlicher spricht mit gesenkter Stimme ein paar Verse aus dem Koran.

Fast täglich stirbt einer der Gefangenen durch Ersticken. Vor allem die Alten und Kranken trifft es. Die Zelle hat nur einen schmalen Spalt unter der Tür, der kaum Luft durchlässt. Wer in der Nähe davon einen Platz gefunden hat, gibt ihn so leicht nicht auf. Häufig sind es desertierte Offiziere, die dort sitzen. Wenn im hinteren Teil des Raums jemand zu ersticken droht, muss man sie drängen, bis sie etwas Platz in der Nähe des Luftspalts machen.

«Wir waren aneinandergepresst», erinnert sich Mazin. «Kein Schäfer sperrt in einen Stall, der für 50 Schafe ausgelegt ist, 150 Tiere. Wir waren 180 auf diesem engen Raum. Zudem hungerten sie uns aus, um uns gegeneinander aufzuhetzen. Wenn man Hunger hat, gibt es keine Moral mehr. Hunger kennt keine Religion, er ist atheistisch.»

Mazin hat gestohlen. Ein Stück Brot, einen Löffel Reis, etwas Suppe.

Gegen Mittag riefen ihn die Wärter, um ihn mit drei anderen *sukhra* Wannen mit gekochtem Reis, Brotsäcke und Tomatenkisten vom Laster laden zu lassen. Sie trugen die Lebensmittel in die Nähe des Dienstzimmers der Offiziere und verteilten sie dann auf die Zellen. Mazin klaute die Sachen, als die Soldaten ihm gerade den Rücken zukehrten. Zu Beginn seiner Gefangenschaft war die Verpflegung fast ausreichend gewesen. Aber nach und nach wurden im Zuge der Auseinandersetzungen in der Hauptstadt die Töpfe immer leerer. Vor allem begannen die Offiziere unterdessen, einen Teil der Lebensmittel abzuzweigen, um sie weiterverkaufen zu können.

Das Frühstück wurde in der Zelle verwahrt: Brot und Labna, ein salziger Frischkäse, der in schwarzen und weißen Plastikbechern auf einem Regalbrett über den Toiletten aufbewahrt wurde. Das Mittagessen, auf das äußerste Minimum reduziert, wurde in der Zelle ausgegeben. Das Abendessen dagegen lagerte im Zelt, wo die *sukhra* es abholten.

Ein Zelt mit Ruheecke, drei Betten und einem Arbeitsbereich mit Schreibtisch war für die Wärter auf dem Hof vor den Gefängnisbauten aufgestellt worden. Die Wärter hatten sogar einen kleinen Garten mit Pflanzen in alten Kanistern angelegt, um dort in Ruhe ihren Tee trinken zu können.

Morgens erhob sich Mazin, wenn die Offiziere ihren

Dienst antraten und er den Lärm ihrer Stiefel hörte oder die Schritte der Wärter, die zu ihrem Rundgang erschienen. Es war 6 oder 7 Uhr. «Yallah, Jungs, wir müssen frühstücken, steht auf, sonst werden sie wütend und schlagen uns. Los, aufwachen!»

Vormittags gingen die *sukhra* die Zellen, die Gänge und die Büros der Diensthabenden reinigen. Mazin begab sich in das Zelt der Wärter und zog Schlappen an, um mit einem Eimer Lodaline, einem billigen Reinigungsmittel, den Boden zu scheuern. In der Hand einen Wischer, um das schmutzige Wasser abzuziehen, und Kleider, um es aufzunehmen. «Das waren T-Shirts oder Hosen von Gefangenen», erläutert Mazin. «Für die Verhöre und die Folter wurden wir von den Untersuchungsbeamten gezwungen, uns auszuziehen. Und in die Zelle ging man dann in Unterhosen. Als ich verhaftet wurde, kam ich gerade von einem Geschäftstreffen, gut angezogen mit einem Hemd von Stefanel, Jeans und schwarzen italienischen Schuhen. Solche Kleidungsstücke wurden von den Militärs einbehalten. Andere, von minderer Qualität, warfen sie in einen Raum und gaben sie uns, um das Putzwasser aufzunehmen.»

Hinter ihm ist häufig ein Wärter, der ihn antreibt und drangsaliert, wenn er langsamer wird. Mit gekrümmtem Rücken lässt Mazin es schweigend über sich ergehen. Sein Blick erfasst alles, was geschieht. Er prägt sich die Namen der Diensthabenden und der Folterer ein. Beobachtet, wie Gefangenen die Augen verbunden werden. Berechnet die Länge der Gänge, die Fläche der Zellen.

Wozu? Um sich zu erinnern. Eines Tages wird er befreit werden. Er wird über alles berichten.

Mehrere Tage nimmt in diesem Frühjahr 2015 der Bericht des einstigen Gefangenen in Anspruch. Es bricht aus ihm heraus, in einem nicht abreißenden, unbändigen Redestrom, er nennt Namen, beschreibt die Orte, schildert die Ereignisse, durchlebt noch einmal die Schmerzen. Nur die genauen Daten fehlen ihm. Dabei hatten die Gefangenen mit einem Olivenkern einen Wochenkalender auf die Wände gezeichnet und jeden Tag ein selbstklebendes, von einem Brotsack stammendes Etikett auf das nächste Feld geheftet. Der Überlebende erinnert sich, aber die Dinge geraten ihm zuweilen durcheinander. Wenn ihm ein Vorname nicht einfallen will, regt er sich auf und greift sofort zum Telefon, um einen Freund anzurufen, der wie er nach Europa geflüchtet ist: «Erinnerst du dich an Soundso? Wie hieß er noch mit Vornamen?» Vor der Revolution und dem Gefängnis, ja noch während der ersten Monate der Gefangenschaft war sein gutes Gedächtnis eine Stärke Mazins, aber seit seiner Befreiung lässt es ihn manchmal im Stich.

Eines Tages schließt Mazin einen Handel mit einem *schawisch* ab, der ihm in einer Packung Salz das Handy eines Wärters verschafft. Gegen Geld, überwiesen von einem befreundeten Oppositionellen, der noch in Freiheit ist, darf Mazin seine Familie davon unterrichten, dass er vom Luftwaffengeheimdienst festgehalten wird. Und die Namen von siebzig Mitgefangenen übermitteln, deren Familien dadurch ebenfalls informiert werden können. Von

75

einem eifersüchtigen Mitgefangenen wird Mazin bei einem anderen Wärter bezichtigt, mit Rebellen der Freien Syrischen Armee telefoniert zu haben, und muss mehrere Tage Isolationshaft in einer Abstellkammer über sich ergehen lassen.

Woche für Woche beobachtet Mazin, während er das Büro der Spezialeinheiten auf dem Militärflughafen von Mezze reinigt, wie Gefangene mit verbundenen Augen, die Hände mit Handschellen gefesselt, im Gänsemarsch aus den Flugzeugen steigen. Die Flugzeuge kommen aus Hama oder Homs, manchmal auch aus Aleppo, der Großstadt im Norden, die teils vom Regime, teils von der Opposition gehalten wird.

Wer in der Provinz festgenommen wird, kommt zum Verhör in eine der örtlichen Hafteinrichtungen. Ein Bericht über sein Verhör geht an das Zentralbüro in Damaskus. Je nachdem, wie wichtig die Person ist oder die Information, in deren Besitz sie sein könnte, entscheidet man dort, ob sie in die Hauptstadt geschickt wird oder nicht.

Häufig geschieht dies nicht auf direktem Wege. In einem Land, das sich im Kriegszustand befindet, sind mitunter die Transportwege blockiert. Oder die Zellen in bestimmten Einrichtungen sind voll. Manchmal warten die Gefangenen wochenlang in improvisierten Kerkern, bis sich die Geheimdienstabteilungen in Damaskus ein wenig leeren. Die Route mancher Gefangener gleicht einem Spinnennetz und führt sie bald hierhin, bald dorthin, ohne erkennbaren Grund.

Zuweilen werden sogar Leichen von Gefangenen in die Hauptstadt geschickt. Der Arzt Amir al-Homsi hat fünfzehn Jahre am Regierungskrankenhaus von Homs praktiziert. 2011 und 2012, bevor er sich ins Ausland absetzt, wird er Zeuge, wie Leichen von den Behörden beschlagnahmt werden, um sie ins Militärkrankenhaus der Stadt oder mit dem Helikopter direkt nach Damaskus zu transportieren. Homs, auch «Hauptstadt der Revolution» genannt, hat dem Krieg einen besonders hohen Tribut gezollt. Das Regime hat nicht abgelassen von der Stadt, die an einem strategischen Knotenpunkt sitzt, einerseits zwischen Damaskus und dem Norden, Richtung Aleppo und Türkei, andererseits zwischen der alawitischen Hochburg an der Mittelmeerküste und dem Osten. Daher die massiven Verhaftungen und die intensive Bombardierung bestimmter Viertel, wie im Februar 2012 die von Bab Amru, einer Rebellenbastion, die vom Regime buchstäblich dem Erdboden gleichgemacht wurde.

«Aus unserem Krankenhaus wurde ein Gefangenenlager, eine Art Kaserne», erinnert sich der Arzt, der inzwischen in ein Nachbarland Syriens geflüchtet ist, «Tag für Tag hat man Dutzende von Gefangenen gebracht, ob verwundet oder nicht, hat sie mit verbundenen Augen an die Betten gefesselt, zusammengeschlagen, mit Elektroschocks gefoltert. Zeitweise waren mehrere hundert auf den Etagen. Es war uns verboten, das Wort an sie zu richten. Wenn sie aus den Flugzeugen stiegen, waren wir voller Angst, wir könnten einen von ihnen kennen.» Einer der ersten verwundeten Gefangenen, die Amir al-Homsi im Frühjahr 2011 versorgen muss, ist ein junger Demonstrant. Bei seiner Ankunft zeigen seine Knöchel tiefe Einschnitte von den Ketten. Nachdem man ihn drei Tage geschlagen hat, ist er tot. Als sein Leichnam der Familie übergeben wird, sind seine Augenhöhlen leer ... Andere Leichen sind notdürftig zugenäht, wenn sie den Angehörigen übergeben werden, als habe man ihnen Organe entnommen. Die Eltern müssen ein Papier unterzeichnen, auf dem steht, ihr Kind sei von «Terroristen» getötet worden. Auch beginnen die Sicherheitskräfte, von den Eltern für die Herausgabe des Leichnams Geld zu verlangen. Vielen Familien fehlen dazu die Mittel, andere holen den Leichnam nicht ab, aus Angst, selber verhaftet zu werden.

In der Leichenhalle, die man im Keller eingerichtet hat, wird der Geruch schnell unerträglich. Insbesondere zwischen Januar und März 2012, als sich die Repressionen des Regimes gegen die aufständischen Viertel von Homs verstärken. «Die Kühlschränke waren voll, die Leichen stapelten sich auf dem Boden, wir mussten mit einer Binde über Nase und Mund arbeiten», erklärt Amir al-Homsi. Die meisten Leichen wurden in Kleinlastern transportiert, um auf Friedhöfen umliegender Dörfer beerdigt zu werden. Aber manche wurden nach Damaskus geschickt. «Zweifellos, um den Abteilungschefs des Sicherheitsdienstes zu zeigen, dass diese Menschen wirklich festgenommen worden und tot waren.»

Abu al-Laith, der Mann aus dem Qalamun, ist noch am Leben, als er von der Militärpolizei, die für die Gefangenentransporte zuständig ist, einem Gericht vorgeführt wird.

Nach sechs Monaten in der Hafteinrichtung holt man Abu al-Laith aus seinem Kerker und bringt ihn mit verbundenen Augen in einem Minibus an einen Ort, der ihm unbekannt ist. In einem Büro fragt ihn ein Angestellter nach seinem Namen.

«Ich bin Nummer 1.» Er erhält einen Schlag.

«Wie heißt du?»

Darauf nennt er seinen wirklichen Namen und hört, wie man ihm sagt: «Du und deine Familie, ihr seid alle Terroristen.» Der Angestellte packt seine Hand und hält auf einem Dokument seine Fingerabdrücke fest. Mit anderen Gefangenen wird Abu al-Laith in ein Auto verfrachtet. Die ganze Fahrt über muss er den Kopf gesenkt halten. Die Soldaten an den Straßensperren des Militärs bitten darum, mit ihren Gewehrkolben «diesen Terroristen schlagen» zu dürfen. Dann kommen sie beim Militärgericht von Mezze, im Südwesten der Hauptstadt, an. Als man ihm die Augenbinde abnimmt, wird Abu al-Laith fast ohnmächtig. Seit Monaten waren seine Augen einer solchen Helligkeit nicht mehr ausgesetzt. Neben sich sieht er einen der ehemaligen Offiziere, denen er geholfen hatte zu desertieren. Und andere arme Teufel, nackt, mit stinkenden Wunden und infizierten Beinen. Manche haben Krätze. Abu al-Laith fürchtet sich vor diesen fahlen und seelenlosen Gesichtern. Er selbst kratzt sich, und seine zu langen Fingernägel reißen die Haut auf.

Der Richter beschuldigt ihn der «Finanzierung einer bewaffneten Bande», der «Beihilfe zur Desertion von Offizieren» und der «Kollaboration mit ausländischen Kräften». Er wird in das Zivilgefängnis von Adra überführt. Auf dem Weg dorthin verbringt er eine Nacht in einer Abteilung des Militärs, in einem übervölkerten Raum, der zu niedrig ist, um aufrecht zu stehen. Man wirft ihnen gekochten Reis hin, auf den Boden. Abu al-Laith kommt gar nicht erst an die Verpflegung. Bei seiner Ankunft im Gefängnis stehen an die hundert Männer wartend im Hof. Die Sonne brennt auf ihren Wunden. Man verspricht ihnen Nahrung, Kleider, einen Arztbesuch. Sie stehen Schlange vor einem Raum, in dem man ihnen Haare und Nägel schneiden wird. Im Innern lehnen vier oder fünf Spiegel an der Wand. «Was stehst du da und starrst mich an?», regt Abu al-Laith sich auf. Im Spiegel sieht er einen Mann, der ihn beobachtet. Entstelltes Gesicht, abgemagerter Körper. Abu al-Laith will ihn noch einmal zur Rede stellen, bevor er entdeckt, dass er sein eigenes Abbild vor Augen hat. «Ich war kein menschliches Wesen mehr. Ich hatte Lust, mich zu rächen.»

Der dünne Wasserstrahl, mit dem er sich waschen darf, durchbohrt die Haut seines rasierten Kopfes wie mit Nadelstichen.

Im Gefängnis spricht man nicht, es sei denn, um sich mit den Mitgefangenen zu streiten oder zusammenzuraufen. In dem riesigen Schlafsaal, in dem sie vor sich hinvegetieren, hat ein lebenslänglich Verurteilter sich eine Fernseh-ecke eingerichtet. Für Geld ist in Adra alles zu haben, von Besuchen bis zur Möglichkeit, sich Bücher oder irgend-welchen Kram zu beschaffen.

Der Lebenslängliche, ein Schrank von einem Mann, kommt auch aus dem Qalamun. Er nimmt Abu al-Laith unter seine Fittiche, gewinnt sein Vertrauen, füttert ihn wie ein Kind. Und leiht ihm sein eingeschmuggeltes Handy. Das Telefonat mit der Familie ist unbeschreib-lich. Ein einziges Weinen und Heulen. «Sie wollten nicht glauben, dass ich es war. Sie waren sich sicher, dass ich tot bin. Meine Mutter fiel in Ohnmacht.»

Die Brüder von Abu al-Laith kennen einen Offizier des Regimes. Sie erkaufen sich seine Begnadigung und ver-sprechen, im Gegenzug Gefangene der regierungstreuen Truppen freizulassen. Auf der Rückfahrt kann der Wagen die Straßensperren des Regimes dank jenes Offiziers, die Straßensperren der Freien Syrischen Armee dank der Brü-der passieren. Als der Überlebende vor dem Haus der Fa-milie aussteigt, ist seine Mutter da mit den vier Schwes-tern und vieren seiner fünf Brüder. Auch Cousins und Nachbarn. Abu al-Laith schwankt inmitten der Freuden-schreie. Zu viel Lärm, zu viele Leute. Der große Bruder schreitet ein: «Lasst ihn, er braucht Ruhe.» Der ehemalige Gefangene geht auf sein Zimmer, ein Arzt verabreicht ihm ein Beruhigungsmittel und eine Schlaftablette. Eine Wo-che schließt Abu al-Laith sich dort ein, bevor er in der Lage ist zu reden. Und in eine Art Leben zurückkehren kann.

In den Bergen hat die Hisbollah, die schiitische Partei

aus dem Libanon, die vom Iran gefördert wird und sich anschickt, das Assad-Regime militärisch zu unterstützen, ihre Männer in den Kampf gegen die Rebellen der Freien Syrischen Armee gesandt. Abu al-Laith fällt die Decke auf den Kopf, während zwei seiner Brüder mit der FSA zu den Waffen greifen. Über Funk teilt er dem älteren Bruder mit: «Wenn du in den Kampf ziehst, werde ich das auch tun.» Dabei ist ihm klar, dass er dazu gar nicht fähig ist. Wie er auch unfähig ist, seiner Familie zu erzählen, was er in diesen sieben Monaten durchgemacht hat. Der älteste Bruder führt an der Spitze eines Bataillons einen siegreichen Angriff gegen die libanesischen Soldaten an, der andere kämpft an seiner Seite und fällt kurz darauf in einer anderen Offensive.

Zu Hause weicht Abu al-Laiths Mutter nicht mehr von seiner Seite. Nachdem einer ihrer Söhne im Kampf gefallen ist, hat sie erfahren, dass ein anderer in einer Hafteinrichtung des Militärgeheimdienstes gestorben ist. Zwei ihrer fünf Jungen sind tot. Der grausige Abzählreim muss ein Ende finden. Umso mehr, als ein dritter Sohn dem Geheimdienst in die Hände gefallen ist. Abu al-Laith soll das Land verlassen, ins Ausland flüchten. Er soll leben und den Namen seiner Familie weiterleben lassen.

Er verlässt Syrien und hat das Gefühl, einen Verrat zu begehen.

5
Gemeinschaften und Religionen

Caesar «Ganz am Anfang gab es Diskussionen unter den Kollegen. Die meisten kritisierten die Demonstranten: ‹Wir hatten ein gesichertes Leben, weshalb fangen diese aus dem Ausland gesteuerten Gaunerbanden an, Probleme zu machen? Sie untergraben das Regime. Uns ging es gut, keiner musste sein Auto abschließen, es gab keinen Diebstahl, unsere Frauen konnten allein aus dem Haus gehen, egal wie spät es war. Und wie sieht es heute aus?›

Meine Kollegen glaubten, das alles gehe sie nichts an und sei weit weg. Aber wenn sie im Urlaub in ihre Heimatorte zurückkehrten, mussten sie immer öfter mitansehen, wie die Armee Zivilisten umbrachte, wie Soldaten die Frauen und Mädchen vergewaltigten, Häuser in Brand steckten, Autos mit ihren Panzern überrollten. Sie begriffen, dass da ein sektiererischer und religiöser Hass aufkeimte und es nicht mehr möglich war, mit dem Regime zu verhandeln.

In den großen Armee-Einheiten schliefen die Wachsoldaten in Schlafsälen. In kleineren Verbänden oder Abteilungen wie meiner verbrachten sie die Nacht in den Dienstzimmern. Vor den Ereignissen der Revolution schliefen die Soldaten lieber allein, um ihre Ruhe zu haben. Allmählich änderte sich das, man wollte lieber zu mehreren in einem Raum übernachten. Man fühlte sich nicht mehr sicher. Wie Hühner, die sich gegenseitig wärmen und aus Angst vor dem Fuchs zusammenrücken. Keiner wusste mehr, von welcher Seite das Unheil drohte. Vom Regime? Von den Rebellen?

Anfangs gab es in jedem unserer Dienstzimmer zwei Betten. Dann haben wir begonnen, unsere Betten von einem Zimmer zum anderen zu transportieren. Ein Soldat hat seines angeschleppt, dann noch einer, dann ein dritter. Tatsächlich hat man sich mit Leuten zusammengetan, mit denen man sich verbunden fühlte, weil sie aus dem gleichen Dorf oder der gleichen Region kamen und derselben Glaubensgemeinschaft angehörten. Die Drusen mit den Drusen, die Alawiten mit den Alawiten, die Sunniten mit den Sunniten.

Man musste unter sich bleiben, weil man Angst vor falschen Anschuldigungen hatte. Vor der Revolution waren die Differenzen zwischen den Gemeinschaften nicht wirklich spürbar. Aber mit einem Mal wollten die Leute alte Rechnungen begleichen. Üble Nachrede war an der Tagesordnung. Und was andere über einen erzählten, konnte stets auf offene Ohren stoßen. Viele Soldaten sind binnen weniger Monate aufgrund haltloser Verdächtigungen festgenommen worden. Manchmal bestand das Vergehen, das ihnen zur Last gelegt wurde, nur darin, ‹an Desertion gedacht zu haben›. Die Denunziation griff in allen Abteilungen um sich.

In jeder Einheit ist ein Offizier für die Sicherheit verantwortlich. Häufig ist dies ein Alawit. Er führt die Untersuchungen und nimmt Beschwerden zur Kenntnis, bevor er sie ohne Umweg über die Justiz an die Geheimdienste weiterleitet.

So ist es zum Beispiel verboten, während der Dienstzeit zu beten. Früher erhielt ein Soldat, der sich daran nicht hielt, eine schlichte Verwarnung, ohne dass der Fall bis zum Geheimdienst vordrang. Seit der Revolution war der Vorwurf, jemand habe gebetet, die willkommene Gelegenheit, ihm zu schaden. Im Lauf der Zeit hat sich das verschärft, weil das Regime Revolutionäre und Terroristen gleichgesetzt hat. Es ist wahr, die Revolutionäre kamen anfangs aus eher sunnitisch geprägten, armen und konservativen Regionen. Aber das hat nichts mit Terrorismus zu tun. Wer fünf Mal am Tag betet, ist für das Regime ein Muslimbruder, während die Mehrheit der Sunniten dies tut, um Rechenschaft vor Gott abzulegen, und mit den Muslimbrüdern nichts am Hut hat.

Hafiz al-Assad, Baschars Vater, hat in den 1980er Jahren Tausende von Muslimbrüdern unter dem Vorwand getötet, sie seien Terroristen. Dieser falschen Gleichsetzung von Demonstranten, Muslimbrüdern und Terroristen bedient sich auch sein Sohn.

Die Mehrzahl der Wehrdienstleistenden und Soldaten bei der Militärpolizei sind Sunniten, die Offiziere dagegen Alawiten. Vor der Revolution wusste man, aus welchem Dorf wir kamen und welcher Konfession wir angehörten, aber es war nicht weiter von Belang. Man lebte einträchtig wie eine Familie. Konflikte wurden vermieden.

Die Alawiten, die in der Armee dienten, sprachen mit Damaszener Akzent. Nach den ersten Revolutionsmonaten betonten sie ihren Akzent, indem sie zum Beispiel das *qaf* [den Buchstaben *q*] schärfer aussprachen. Das war eine Weise, uns zu provozieren und zu zeigen, dass sie stolz waren, an der Seite des Regimes zu stehen. Selbst die Sunniten, die Baschar al-Assad unterstützten, haben begonnen, den alawitischen Dialekt zu übernehmen. Und das umso stärker, je mehr sie davon überzeugt waren, der Sieg des Regimes sei nah, und darum zeigen wollten, dass sie auf der Seite der Sieger standen.

Wie alle anderen wurde ich permanent überwacht. Jede meiner Handlungen und Gesten wurde registriert und analysiert, selbst meine Stimmungslage, selbst die Art, wie ich gerade dreinsah.

Das Verhältnis zwischen Soldaten und Vorgesetzten wurde angespannter. Die Fernseher hat man konfisziert, obwohl sie ohnehin nur die syrischen Staatssender übertrugen, die man fortan nur noch in der Kantine schauen konnte. Auch Handys waren verboten. Meines habe ich in meinem Strumpf versteckt. Die Festnetzanschlüsse wurden abgehört. Wenn die Soldaten nach Hause telefonierten, sagten ihre Familien stets, alles sei in Ordnung. Sie konnten ihnen nichts über die Lage in ihrem Dorf berichten.

Manchmal wurde ich zu Hause von Freunden angerufen, die desertiert waren, um sich der Freien Syrischen Armee anzuschließen. Ich legte sofort auf, so groß war meine Angst, mit ihnen zu sprechen. Wegen ‹Kommunikation mit einer terroristischen Vereinigung› konnte man verhaftet werden. In der folgenden Nacht schlief ich schlecht, und im Büro war ich tags darauf sehr unruhig.

Immer häufiger desertierten sunnitische Soldaten und Wehrdienstleistende. Jede Woche blieben mehrere der Militärpolizei fern. Anfangs nutzten sie einen Urlaub, um nicht mehr zurückzukommen und bei ihren Familien zu bleiben. Daraufhin wurden die Urlaube verkürzt und für sunnitische Wehrdienstleistende ganz gestrichen, weil das Regime weitere Desertionen fürchtete. Manche Soldaten ergriffen bei Trauerfällen in der Familie die Gelegenheit, sich aus dem Staub zu machen. Auch Urlaubsgenehmigungen anlässlich von Trauerfällen wurden daraufhin vom Regime seltener erteilt.

Es gab Soldaten, die sich als verrückt ausgaben, um für untauglich erklärt zu werden. Andere brachen sich selbst den Arm, um an ein ärztliches Attest zu kommen und nach Hause zurückzukehren. Aber zu desertieren wurde immer gefährlicher. Tatsächlich dienten die Soldaten nie in ihrer Heimatregion. Wer seinen Wehrdienst absolvierte oder in der Ausbildung war, wurde ans andere Ende des Landes geschickt. Das war ein Problem. Zu Beginn der Revolution waren die Straßen sicher, das Regime hatte die Kontrolle über das Land. Mit der Zeit haben die Aufständischen bestimmte Zonen in ihre Gewalt gebracht. Die Soldaten konnten sich nicht mehr ohne Weiteres frei bewegen.

Aufgrund der Desertionen und des Rückgangs bei den Rekrutierungen gab es immer weniger Sunniten in der

Armee und in unserer Abteilung. Sie wurden durch Alawiten ersetzt.

In einer militärischen Einrichtung kann man nur wenigen vertrauen. Wenn ein Kollege desertieren wollte, konnte er es uns natürlich nicht sagen. Aber er gab es uns zu verstehen durch die Art, wie er sprach, unsere Nähe suchte, uns mit größerer Zuneigung anblickte, freundlicher war. Auf indirekte Weise nahm er von uns Abschied und sagte gleichsam: ‹Verzeiht mir, wenn ich desertiere.› Häufig wirkte er abwesend, war nicht bei der Sache. Und man konnte die Angst auf seinem Gesicht sehen.

Es war hart, denn man hatte lange zusammengearbeitet. ‹Wird er es schaffen?›, fragte man sich. ‹Wird er sterben? Und wir, werden wir sterben?› Ich selbst wollte mich auch absetzen, aber ich konnte es nicht. Ich hatte mich verpflichtet. Ich musste zu Ende bringen, was ich begonnen hatte, diese ganzen Fotos kopieren und an einem sicheren Ort verstecken.»

Konkurrenz, Rivalität, Eifersucht

Munir Abu Muaz, Mazin al-Hamada Die syrische Armee, 2011 noch 300 000 Mann stark, war einer der Grundpfeiler des Regimes. Sie war es auch, die Hafiz al-Assad durch einen Staatsstreich im November 1970 an die Macht brachte. Um sich ihrer Loyalität zu versichern, besetzte er Schlüsselpositionen mit Vertrauten seines

Clans und Angehörigen seiner Glaubensgemeinschaft, den in der Minderheit befindlichen Alawiten.

Als Alawit hat Baschar al-Assad die von seinem Vater betriebene Politik der Ergebenheit fortgesetzt und Mitglieder der eigenen Gemeinschaft systematisch bevorzugt. Die oberen Dienstränge der Armee sind zu 85, ja 90% mit Alawiten besetzt. Einige wenige sind Christen oder Sunniten. Das Fußvolk ist in der Mehrheit sunnitisch.

Angesichts der sunnitischen Mehrheit konnten sich die Assads, Vater wie Sohn, die Angst der alawitischen und christlichen Minderheiten zunutze machen, um diese an sich zu binden. Indem sie (fälschlich) als laizistisches Bollwerk auftraten, gelang es ihnen, die Religionen für ihre Zwecke einzuspannen und gemeinschaftliche und finanzielle Interessen miteinander zu verquicken.

Im April 2011 erweckt Baschar al-Assad den Anschein, er schenke den Demonstranten Gehör. Er hebt den seit 48 Jahren bestehenden Ausnahmezustand auf. Aber im selben Augenblick autorisiert er die Polizei, ihre Festnahme- und Inhaftierungsbefugnis auf die Sicherheitskräfte und die Geheimdienste zu übertragen.

Einer noch wirksameren Repression dient die Schaffung eines Nationalen Krisenstabs, dem die Oberbefehlshaber der Streitkräfte, der Verteidigungs- und der Innenminister sowie die Geheimdienstchefs angehören. Ein Stab, der tägliche Berichte zur Lage im ganzen Land aufsetzt. Nach Genehmigung durch Präsident Assad trifft er Entscheidungen und schickt seine Weisungen an die Behörde für Nationale Sicherheit, die dank ihrer lokalen

«Sicherheitskomitees» das Schlüsselorgan der Unterdrückung im ganzen Land ist. Mehr noch als die Armee selbst.

Die Militärs können die Stabilität des Regimes nicht ohne die zahlreichen Geheimdienste und die Lokalbüros der Baath-Partei sichern. In den ersten Revolutionsmonaten, in denen die Armee die aufständischen Viertel angreift, hindern die Geheimdienstmitarbeiter die Aktivisten daran, sich zu organisieren. Sie verhaften, foltern und töten sie. Im August 2011 faxt die Behörde für Nationale Sicherheit eine «streng vertrauliche» Mitteilung an die lokalen Sicherheitskomitees. Auszug: «Gemäß einem Beschluss des Nationalen Krisenstabs fordert die Behörde für Nationale Sicherheit alle Leiter der Sicherheitskomitees zu einer konzertierten Aktion sämtlicher Sicherheitsdienste auf, um Personen zu ergreifen, die am Aufruf zu Demonstrationen, ihrer Durchführung oder Finanzierung beteiligt sind, sowie Verschwörer, die in Kontakt zu im Ausland lebenden Unterstützern stehen, und Personen, die das Bild Syriens in ausländischen Medien und internationalen Organisationen beschmutzen.»

Dieses Dokument wurde von der Commission for International Justice and Accountability (CIJA) in Syrien sichergestellt. Von ehemaligen Strafverfolgern geleitet, arbeitet diese Organisation mit syrischen Zivilisten zusammen, die Beweise für Kriegsverbrechen und Verbrechen gegen die Menschlichkeit sammeln, um Dossiers zu erstellen, die einem künftigen Strafgerichtshof vorgelegt werden können.

Im Anschluss an die vertrauliche Mitteilung vom August 2011 übermittelt die Armee Hunderte von Namen von Personen, die zu verhaften sind. Das belegt auch das folgende Dokument, das ebenfalls von der CIJA sichergestellt wurde. Auf dem Originaldokument (siehe Anhang) sind neben fünf der sechs Namen von Hand Kreuze eingetragen worden, die anzeigen, dass diese fünf Personen schon verhaftet oder tot oder nicht mehr in Syrien sind ... Die zwei Löcher auf der rechten Seite des Dokuments belegen, dass dieses Blatt in einem Ordner abgeheftet wurde.

DRINGENDES TELEGRAMM

5te Division
Nummer: xxx
Datum: xxx

AN DIE KOMMANDANTEN DER FOLGENDEN
BRIGADEN: /12-15-112-132 und des Regiments 175/

AN DIE KOMMANDANTEN DER FOLGENDEN
BATAILLONE: /56-58-59-60-127/

In Übereinstimmung mit dem Brief Nummer xxx, zugestellt am
xxx über die Abteilung 265 der Geheimdienste vom Kommandan
ten der Sicherheitsgruppe von Daraa und zur Kenntnis genommen
durch den 1ten Truppenkörper.
Wir fordern Sie auf, die folgenden Namen in die Liste der
gesuchten Personen aufzunehmen, die Betreffenden unverzüglich
zu verhaften, sobald sie ausfindig gemacht wurden, und sie den
kompetenten Abteilungen der Sicherheitsdienste zuzuführen.
Die Namen lauten:

1. xxx xxx
2. xxx xxx

3. xxx xxx

4. xxx xxx

5. xxx xxx

6. xxx xxx

Gezeichnet vom Kommandanten der 5ten Division

BEMERKUNGEN:

– Diese Abschrift muss von den Brigade-, Regiments- und Bataillonskommandanten verwahrt werden. Sie darf weder weitergegeben noch auf andere Weise verbreitet werden.

– Die Brigade-, Regiments- und Bataillonskommandanten dürfen nur die Namen der gesuchten Personen den ihnen unterstehenden Einheiten und Truppenverbänden übermitteln. Die Namen dürfen AUSSCHLIESSLICH den zuständigen Beamten an den Straßensperren mitgeteilt werden.

Die Geheimdienste, *mukhabarat* genannt, sind in vier Sektionen aufgeteilt: die Militärische Sicherheit (die wichtigste), die Allgemeine Sicherheit (allgemeine Ermittlungen), die Politische Sicherheit (die dem Innenministerium untersteht) und die Luftwaffensicherheit (geschaffen von Hafiz al-Assad, vormals Luftwaffenoffizier). Diese vier Dienste sind ihrerseits unterteilt in zentrale Abteilungen in Damaskus, regionale Abteilungen in den Provinzen und lokale in Städten des ganzen Landes. Jede dieser Abteilungen unterhält eine oder mehrere Hafteinrichtungen unterschiedlicher Größe.

Einen «Archipel von Folterzentren» hat die Menschenrechtsorganisation Human Rights Watch die *mukhabarat* in ihrem Bericht vom Juli 2013 genannt: «Archipel der Folter. Willkürliche Verhaftungen, Folter und Verschleppung in syrischen Kerkern seit Mai 2011».[5] Die Darstellung der NGO wird gestützt durch Zeugenaussagen, Karten zur Lokalisierung der Hafteinrichtungen und Skizzen, aus denen die Übervölkerung der Zellen zu ersehen ist. Auch die Verantwortlichen der Geheimdienstabteilungen werden identifiziert.

In Wirklichkeit hassen sich die Geheimdienstchefs. Anfang März 2015 haben offenbar die Leibwächter von Rafiq Shahada, dem Chef der Militärischen Sicherheit, Rustam Ghazala, den Chef der Politischen Sicherheit, zusammengeschlagen. Die beiden Männer wurden von Baschar al-Assad auf der Stelle entlassen.

Die beiden Offiziere verabscheuten einander schon lange. Machtrivalität, Streitigkeiten wegen der Aufteilung von Gewinnen aus Schmuggelgeschäften. Der sunnitische General Rustam Ghazala war zudem zu einem unliebsamen Zeugen in der internationalen Untersuchung der Ermordung des libanesischen Premierministers Rafiq al-Hariri im Februar 2005 in Beirut geworden. Eine Ermordung, die den syrischen Geheimdiensten zur Last gelegt wurde. Ghazala überlebte die Schläge nicht lange. Ein paar Wochen später war er tot.

Die Konkurrenz zwischen den Geheimdiensten macht sich noch innerhalb des verästelten Systems der Hafteinrichtungen bemerkbar. In seiner zweijährigen Gefangenschaft zwischen März 2012 und Januar 2014 wurde der Ingenieur Munir Abu Muaz in vier Abteilungen zweier Sicherheitsdienste verlegt und verbrachte sechs Monate im schrecklichen Gefängnis von Saidnaya, dreißig Kilo-

93

meter von Damaskus. Ein Gefängnis, in dem politische Gefangene und Islamisten inhaftiert sind, ein würdiger Nachfolger des Gefängnisses von Palmyra.

Zwei Jahre Haft im schrecklichen Universum der Zellen, in denen Munir sich an die wechselnde Brutalität der Wärter gewöhnen musste, die einander ablösten, wenn ihre Vorgesetzten innerhalb der Hafteinrichtungen oder an der Spitze der Geheimdienste wechselten.

Munir Abu Muaz wurde erstmals am 16. März 2011, einem der ersten Tage der Revolution, durch die Politische Sicherheit verhaftet, die für die Überwachung oppositioneller Aktivitäten zuständig ist. Der Oppositionelle, ein Ingenieur für Informatik, hatte mit anderen Aktivisten ein Sit-in vor dem Innenministerium veranstaltet. Eine Woche musste Munir in einer Zelle der Politischen Sicherheit verbringen. «Ich wurde nicht viel gefoltert», sagt er heute. «Nur geschlagen, in einer Zelle isoliert. Damals ging es in dieser Abteilung noch nicht so schlimm zu.»

Im März 2012 wird der Ingenieur zum zweiten Mal verhaftet. Er ist im Begriff, das Land zu verlassen, um in Istanbul an einem Treffen der Opposition teilzunehmen. Als er mit seiner Frau die syrisch-libanesische Grenze passieren will, überprüft die Polizei seine Personalien und schickt sich an, ihn in ein Haftzentrum zu verbringen.

«Wohin bringen Sie ihn?», fragt seine Frau.

«Wir nehmen ihn ein, zwei Tage mit, dann kriegst du ihn zurück», behauptet einer der Polizisten.

«Zwei Tage, man weiß ja, was das bei euch bedeutet. Er wird nicht zurückkommen», sagt seine Frau weinend.

«Das geht dich nichts an.»

Zwei Jahre wird es dauern, bis sie ihn wiedersieht. Achtzig Kilo wird er verloren haben, bis zur Unkenntlichkeit entstellt. Auf dem Foto, das ihn nach der Entlassung zeigt, lächelt er, aber man muss seine Gesichtszüge schon sehr genau prüfen, um den Mann wiederzuerkennen, der im Frühjahr 2015 seine Geschichte erzählt.

Mit verbundenen Augen und gefesselten Händen wird Munir in die Abteilung 215 des Militärgeheimdienstes gebracht, die hinter dem Carlton-Hotel im Kafr-Susa-Viertel in Damaskus liegt. Das Gebäude, einst Sitz eines Stromkonzerns, hat sieben oder acht Etagen. Dort nimmt man ihm seine Sachen ab, seinen Rechner, seine Uhr, seinen Ausweis.

Dann wird er ausgezogen, geschlagen.

«Was wolltest du im Libanon?», fragt ihn ein Untersuchungsbeamter.

«Urlaub machen.» Ohrfeigen und Schläge ins Gesicht.

«Urlaub? Bei der Kälte? Du bist Chef einer Vereinigung. Man hat uns deinen Namen genannt. Du organisierst Demonstrationen im Land.»

«Das stimmt nicht.» Wieder eine Ohrfeige.

«Gib uns die Passwörter deines Facebook-Accounts und deines Skype-Kontos.»

Munir versucht, Zeit zu gewinnen, um es einem seiner Kontakte in Russland zu ermöglichen, wie vereinbart die Passwörter ihrer Vereinigung zu ändern, sollte er eine gewisse Zeit nichts von ihm hören.

Eine Woche sitzt Munir mit zwei Mitgefangenen in einer zwei Quadratmeter großen Zelle. Nach mehreren Verhören kommt einer seiner Folterer und zeigt ihm ein Papierbündel, bei dem es sich um den Ausdruck aller von ihm geführten Skype-Gespräche handelt. Danach wird er in die Abteilung 291 verlegt, die «Verwaltungsabteilung» der Militärischen Sicherheit. Weitere Verhöre. Weitere Schläge. Munir muss stehen, Hände auf dem Rücken, die Knie zusammengebunden, mit dem Kopf zur Wand. Ohne sich zu rühren. Wenn er umfällt, wird er geschlagen.

Neue Zelle. Diesmal sind sie zu hundert, zusammengepfercht auf zwanzig Quadratmetern. Morgens gibt es Brot und ein paar Oliven, nachmittags Reis und Brot, abends eine Tomate oder etwas Suppe. Aber dann werden die Lebensmittel weniger, und die Zahl der Gefangenen nimmt sprunghaft zu. Munir versucht, mit den Wärtern zu reden.

«Wir brauchen mehr zu essen», wagt er vorzubringen.

«Das ist Widerstand gegen die Staatsgewalt, was du da tust», entgegnet der Wärter.

«Da du schon von den Gesetzen sprichst – ich bin seit drei Monaten hier, ohne dass meine Familie weiß, wo ich bin. Ich bin isoliert, habe mit keinem Anwalt sprechen dürfen. Das ist illegal.»

«Du bist völlig legal hier.»

«Nein, das ist nicht legal. Ich weiß nicht, was man mir vorwirft.»

«Der Richter hat deine Haft verlängert.»

«Welcher Richter? Ich habe keinen Richter gesehen!»

«Wenn du weitersprichst, könnten wir euch alle töten,

in eine Grube werfen und einfach sagen, ihr seid von Terroristen umgebracht worden. Keiner wird je ctwas erfahren.»

Anfang Mai 2012 kommt ein dreißigjähriger Soldat, der verdächtigt wird, einen Deserteur zu kennen, von einem zweitägigen Verhör zurück. Er kann nicht mehr laufen. Zwei Gefangene ziehen ihn hoch, um ihn zur Toilette zu bringen, wo er Blut uriniert. «Sein Körper war schwarz. Er roch schlecht, als sei etwas in ihm verfault», erinnert sich Munir. Ein Häftling, der Arzt ist, bittet für ihn um Hilfe, aber seine Appelle verhallen ungehört. Zwei Tage später klopft der *schawisch* der Zelle an die Tür.

«Da ist einer, der sich nicht rührt», sagt er zu den Wärtern.

«Wenn er tot ist, bring ihn mir», antwortet einer von ihnen.

«Er ist völlig bewegungslos», beharrt der *schawisch*.

Der Wärter öffnet die Tür und nimmt die Leiche mit.

Nach dreieinhalb Monaten wird Munir in die Abteilung 216 des Militärgeheimdienstes, die «Patrouillenabteilung», verlegt. Dort gehen die Verhöre wieder los. «Du hast nichts verraten in der 215. Wir fangen nochmal an», sagt ihm ein Untersuchungsbeamter. «Wir brauchen etwas von dir.»

Ein Sondergericht wird Munir verurteilen und in das Gefängnis von Saidnaya verlegen, wo er sechs Monate bleibt, bevor man ihn erneut in eine Geheimdienstabteilung bringt, weil sein Name im Zusammenhang mit einer anderen Aktivistengruppe aufgetaucht ist. Diesmal ist es der furchtbare Luftwaffengeheimdienst, der sich mit ihm befasst.

Mezze, Krankenhaus des Todes

Ein Teil der Einrichtungen des Luftwaffengeheimdienstes befindet sich auf dem Militärflughafen von Mezze. Munir und zwölf weitere Gefangene, nur mit einem Slip bekleidet, werden auf weniger als neun Quadratmetern gefangen gehalten. Keine Luftzufuhr, keine Betten, ein schwacher Lichtstrahl dringt durch das zugemauerte Fenster. Das Essen ist verdorben. Alle leiden an Ruhr. Zweimal täglich öffnen die Wärter die Tür, um die Gefangenen zu den Toiletten am Ende des Gangs gehen zu lassen. Auf dem kurzen Weg werden sie geschlagen. Sie müssen sich beeilen, alle zusammen haben sie nur ein paar Minuten. Kein Wasser, keine Hygiene. Wer trödelt, bekommt Schläge. Bei vielen sind Füße und Beine mit Exkrementen beschmutzt, wenn sie in die Zelle zurückkommen. Die Fälle von Ruhr häufen sich. Manchmal müssen sich die Gefangenen in einer Ecke der Zelle erleichtern. «Ihr seid ja widerlich», rufen die Wärter dann. Sie sind schmutzig, ja. Und vor allem krank. Eine Flasche dient ihnen zwischen den Toilettengängen zum Urinieren. Zweimal kotet Munir sich ein. Ein anderes Mal kann ein Mann sich nicht beherrschen. Der Durchfall fließt unter der Zellentür hindurch. «Der Wärter kam und befal dem Gefangenen, er solle das mit der Zunge sauber machen.»

Der Durchfall hat Munir geschwächt. Ein Arzt der Sicherheitsabteilung willigt ein, dass er ins Krankenhaus kommt. Eines Abends wird er mit fünf anderen Gefangenen hinausgerufen. Auf dem Zellengang wirft man ihnen einen Haufen Kleider hin, die offenbar anderen Gefangenen gehört hatten und in einem Zimmer gelagert wurden. «Zieht euch an!» Munir greift sich ein Hemd und eine Hose. Ein Wärter schreibt eine Nummer auf Klebeband und klebt es ihm auf die Stirn. «Das ist deine Nummer im Krankenhaus, nenn dort nicht deinen Namen.»

Die kleine Gruppe von Kranken kommt im Militärkrankenhaus von Mezze an, dem Krankenhaus 601. Sie werden in den klinischen Bereich geführt, der durch eine Straße von dem Gebäude mit den technischen Einrichtungen getrennt ist, wo sich die «Gräber-Garagen» befinden, in denen Caesar und seine Kollegen die durchnummerierten Leichen fotografieren.

Drei Monate wird Munir dort bleiben. Die meiste Zeit sind sie ans Bett gefesselt, manchmal zwei Mann oder mehr pro Bett. Wie in den Zellen der verschiedenen Abteilungen sind auch hier die Toilettengänge reglementiert und reichen nicht aus. Im Notfall gibt ein *sukhra* dem Kranken eine der Tüten, in denen das Brot aufbewahrt wird. Munir bläst sie auf, um zu prüfen, ob sie dicht ist, und versteckt sie dann unter seinem Bett. Ein Stück der Schaumstoffmatratze dient als Papier.

Jeden Morgen gegen 7 oder 8 Uhr macht ein Agent mit einem *sukhra* seinen Rundgang durch die Schlafsäle. Der

Arzt kommt bloß alle drei oder vier Tage vorbei. Die Begrüßung ist immer gleich: «Wer ist krepiert?»

Manchmal schlagen die Agenten des Regimes einen Kranken tot. Hinter der Milchglasscheibe seines Zimmers kann Munir die Schatten sehen, hört Geräusche, erstickte Stimmen. Morgens heißt es unter den ans Bett gefesselten Gefangenen: «Es hat ein Schlachtfest gegeben.» Später wird der *sukhra* Munir seine Angst eingestehen: «Es ist gut möglich, dass sie mich umbringen, weil ich Zeuge von Exekutionen im Krankenhaus war.»

Ein anderes Mal wohnt Mazin al-Hamada, der *sukhra* des Luftwaffengeheimdienstes, der sich so sehr bemüht, sich alles einzuprägen, um später darüber berichten zu können, in demselben großen Krankenhauskomplex zwei Exekutionen bei. Er bleibt jedoch nur vier Tage im Militärkrankenhaus von Mezze. Kurz nach seinen Verhören uriniert der Aktivist Blut und hat Nierenschmerzen.

Eines Morgens, er sitzt in einer Zelle des Militärflughafens, teilt man ihm mit, dass er ins Krankenhaus gebracht wird. Wie die anderen ist er nur mit einer Unterhose bekleidet. Ein Wärter gibt ihm aus dem Bestand der Kleider, die man den Gefangenen bei ihrer Ankunft abnimmt, ein blutbeflecktes Unterhemd. Mit verbundenen Augen, in Handschellen wird er in einen Krankenwagen verfrachtet und kommt später am Krankenhaus an. Als er aus dem Wagen steigt, behandeln ihn die Krankenschwestern als Terroristen und schlagen ihn mit ihren Holzsandalen mechanisch auf den Rücken.

Er wird ins Untergeschoss des Gebäudes geführt, in einen Raum, in dem sich die Gefangenen des Luftwaffengeheimdienstes befinden, während der Saal nebenan denen des Militärgeheimdienstes vorbehalten ist.

Zwanzig Gefangene teilen sich in seinem Zimmer zehn Betten, auf denen sie nebeneinander sitzen, die Füße mit Eisenketten oder Nylonriemen an die Metallrahmen gekettet.

Ein Pfleger versucht, ihm eine Spritze in den Arm zu setzen, um ihm ein glukosehaltiges Serum zu verabreichen, und trifft die Vene. Beim Anblick des Blutes schreit der Gefangene, aber der Pfleger droht ihm Schläge an. Ein anderer *sukhra*, Ahmad, der im Krankenhaus arbeitet und das Bett mit ihm teilt, warnt ihn: «Bitte um nichts. Heb niemals die Hand. Sag nichts.» Mazin versteht nicht, wagt jedoch nicht nachzufragen, da es den Kranken verboten ist, miteinander zu sprechen. Aber er erinnert sich an die Erzählungen seiner Zellengenossen, die er kaum hören konnte: «Die Krankenpfleger schlagen uns.»

Sie töten auch. Nachts. Ein Wärter öffnet die Tür. Betrunken. «Wer braucht Medikamente?», fragt er. «Ich», antwortet eine schwache Stimme. Der Wärter geht auf ihn zu: «Das Gericht Gottes hat dich zum Tode verurteilt», sagt er und lässt ein Plastikrohr auf sein Gesicht niedersausen. Mehrmals schlägt der Wärter zu. Die Stimme verstummt. Dann wendet er sich an die anderen: «Hört zu, ihr Hunde, man nennt mich Izra'il[6]. Ich bin gesandt, die Seelen zu holen, ich nehme die Seelen der Verstorbenen mit mir.»

Zweimal hat Mazin Izra'il in ihr Zimmer schleichen sehen. Wenn er den Gefangenen zu Tode geprügelt hatte, öffnete Ahmad, der *sukhra*, das Vorhängeschloss an der Kette, packte den Fuß des Toten, ließ seinen Körper zu Boden fallen und schleifte ihn zu den Toiletten.

«Als ich das erste Mal zu den Toiletten ging», erzählt Mazin heute, «bin ich über drei Leichen gestolpert, halb blau, übereinandergestapelt. Der Geruch war entsetzlich. Sie mussten Tage dort gelegen haben.» Mazin hatte die Tür wieder geschlossen, um die daneben zu öffnen. Dort lagen zwei weitere Leichen, anscheinend kurz zuvor gestorben. Ahmad erklärte ihm, die Toten würden dort gestapelt, bevor man sie alle zwei, drei Tage fortbringe.

Am vierten Tag hatte Mazin den Arzt angefleht, ihn zu entlassen. «Du bist nicht geheilt», hatte der ihm entgegnet. «Doch, es geht mir besser, ich will zurück in die Zelle.» Bloß weg von diesem Ort des Todes.

Nur ein paar Minuten entfernt ging das Leben in diesem Wohngebiet weiter. Unbekümmert, taub, blind für das, was auf der anderen Seite der Mauer geschah.

Eine andere Welt

2013, ein Oktobermorgen. Das Klassenzimmer des Charles-de-Gaulle-Gymnasiums in Damaskus ist sonnendurchflutet. Eine Jugendliche mit langen braunen Locken lächelt in die Kamera und antwortet in einem Französisch, das von einem charmanten Akzent gefärbt ist, den Journalisten der französischen Presseagentur AFP

(Agence France Presse). «Anfangs war es nicht leicht zu arbeiten, bei der Lage außerhalb des Gymnasiums, aber man gewöhnt sich daran. Jedes Mal, wenn man das Gymnasium betritt, ist es wie eine andere Welt. Man ist da, man lernt. Man hat Unterricht, alle sind zusammen. Es geht einem gut.»

Seit Nicolas Sarkozy im März 2012 aus Protest gegen die Repressionen des Regimes die französische Botschaft geschlossen hat, haben alle französischen Institutionen das Land verlassen. Im Gymnasium und an der französischen Schule, die in Mezze gebaut wurden, unterrichten die Lehrer, die sich dieser Entscheidung widersetzt haben, weiterhin franko-syrische oder frankophone Schüler aus Familien, die dem Regime angehören oder ihm nahestehen. In Friedenszeiten waren es mehr als 900 Schüler aller Stufen, heute sind es 200. Die meisten werden von Leibwächtern begleitet. In manchen Klassenzimmern hängt die Fahne des Regimes mit ihren drei Streifen (rot, weiß, schwarz) und zwei Sternen.

Auf einem umschlossenen Gelände errichtet, das einst ein Stück Wüste war, nehmen die kleinen weißen Gebäude der französischen Schule viel Raum ein. Verbunden durch überdachte, vor Hitze und Sonne geschützte Gänge oder Innenhöfe, verbreiten sie eine frische, fast heitere Atmosphäre. Ehrenamtlicher Leiter der Einrichtung ist ein pensionierter Lehrer. Die Lehrkräfte begnügen sich mit einem geringeren Gehalt, um ihren Unterricht ohne die Finanzierung durch den französischen Staat fortsetzen zu können.

Die Adresse dieser «anderen Welt»? Platz des Militärkrankenhauses 601, Mezze. Das nördlichste Gebäude der Schule geht tatsächlich auf die Rückseite des Krankenhauses 601. Fünfzig Meter entfernt hat man Autos und Kleinlaster aus den Hangars des Krankenhauses gefahren, um Platz für die verstümmelten und abgemagerten Körper zu machen, die sich bei ihrer Ankunft aus den Hafteinrichtungen anhäufen. Dort, auf der anderen Seite der Einfriedungsmauer, ist der Ort, an dem die Fotografen der Militärpolizei Tag für Tag die Archive des Todes füllen.

Am 7. April 2015 stattet Jérôme Tousaint, ein netter Reiseveranstalter, Schülern und Lehrkräften der Schule einen Besuch ab. Ein Freund des syrischen Regimes, hat dieser Schattenmann schon anderthalb Monate zuvor eine umstrittene Reise von vier französischen Parlamentariern nach Damaskus organisiert: Jacques Myard, Vertreter der UMP (Union pour un mouvement populaire) im Ausschuss für auswärtige Angelegenheiten der Nationalversammlung, der sozialistische Abgeordnete Gérard Bapt, Jean-Pierre Vial, UMP-Senator und Vorsitzender der französisch-syrischen Freundschaftsgruppe im Senat, sowie François Zocchetto, ein Mitglied dieser Gruppe. Dieser Besuch, der erste nach dem Abbruch diplomatischer Beziehungen, wurde von François Hollande scharf verurteilt. Drei der Abgeordneten trafen Präsident Baschar al-Assad.

Diesmal ist Jérôme Tousaint als Mitglied des Vereins SOS Chrétiens d'Orient gekommen, dessen offizieller Sprecher er ist. Er führt eine dreißigköpfige Gruppe von französischen Pilgern auf den Spuren ihrer im Krieg befindlichen syrischen Brüder. Sie wohnen der Ostermesse in Damaskus bei, besuchen den Krak des Chevaliers, eine Burg im Zentrum des Landes, und das Kloster von Maalula. Und schauen auch beim französischen Gymnasium Charles de Gaulle vorbei, wie vor ihnen die französischen Abgeordneten. Reporter von *Complément d'enquête* begleiten die Reise für das Magazin des Fernsehsenders France 2.

Bei diesem Besuch begibt sich die Gruppe also in das Mezze-Viertel, kommt von Süden her im Gymnasium an, ohne den Kreisverkehr auf dem Platz des Militärkrankenhauses 601 zu passieren, und steigt die mächtigen Steintreppen empor, die zur Schule führen. Vor dem Tor macht der Führer einen Moment halt und erklärt den anwesenden Journalisten (die Reportage wird am 7. Mai 2015 ausgestrahlt): «Als Frankreich beschlossen hat, die diplomatischen Beziehungen abzubrechen, hat es sich verhalten wie die Vereinigten Staaten, als sie während des Vietnamkriegs Saigon verließen. Aber man muss an die Zukunft denken. Bei dieser Art von Beziehungen wird es nicht die nächsten dreißig Jahre bleiben.»

Sollte diesem Franzosen, der das Regime und die Viertel der Stadt so gut kennt, wirklich entgangen sein, dass auf der anderen Straßenseite im Namen des Regimes getötet, nein, gemordet wird, in einem Krankenhaus, dessen bloßer Name die Syrer erschauern lässt? Hat er auch nur ein einziges Mal um sich geblickt, als er diesen Schulbesuch plante?

Im September 2013, als die westlichen Regierungen nach dem Giftgasangriff von Damaskus über die Angemessenheit eines Militärschlags gegen Syrien berieten, trat der Schulleiter des Gymnasiums vor das Mikrofon des Radiosenders Europe 1 und sagte, nachdem er den Krieg und die Bombardierungen unweit des Zentrums der Hauptstadt erwähnt hatte: «Es gibt [hier] die Fähigkeit, das Unerträgliche in nächster Nähe zu ertragen.»

Tischrin, der Krankenhausbunker

Ahmad al-Riz Ist diesmal er an der Reihe? Der Fuß von Ahmad al-Riz stinkt nach Tod. Die infizierte Ferse verströmt einen Verwesungsgeruch. Der Wundbrand droht. Im Dunkel der Zellen kursieren Gerüchte über die Krankenhäuser. Man muss sich vor ihnen hüten. Die meisten Kranken kehren von dort nicht zurück.

Ahmad denkt an seine drei Freunde, die einer nach dem anderen gestorben sind.

Erst Ali, entkräftet von einer sehr starken Diarrhö. Der Mann, der vor seiner Verhaftung mit seinen 110 Kilo leichtfüßig durch die Straßen der Hauptstadt spazierte, wog am Ende kaum noch 65. Am 23. Dezember 2012 begann sein Puls zu rasen. Der *schawisch* informierte den Wärter, der ihn ins Krankenhaus von Tischrin schicken ließ. Am nächsten Morgen kam er zurück, so schwach wie zuvor. Das Einzige, was er bekommen hatte, war ein glukosehaltiges Serum. Kein Arzt, nicht einmal ein Pfleger hatte ihn sich angesehen. Nachdem sein Zustand sich verschlimmerte, wurde er erneut ins Krankenhaus geschickt. Er kehrte nie mehr zurück.

Dann Mustafa. Sein Mund war so geschwollen, dass

er kaum noch atmen konnte. Brot musste man ihm einweichen, damit er es schlucken konnte. Auch er wurde ins Krankenhaus geschickt, auch er kam sehr schnell zurück. Unfähig zu sprechen, unfähig sich zu rühren. Seine Freunde trugen ihn zur Toilette, damit er sich nicht mehr einkotete, sie wuschen ihn, aber sein Geruch wurde unerträglich. Keiner wollte mehr neben ihm sitzen. Sein zerstörter Magen hatte begonnen, sich in die Bauchhöhle zu entleeren. Irgendwann wurde sein Atem schneller, und es ging zu Ende.

Schließlich Marwan. Zu schwach, um etwas zu sich zu nehmen, konnte auch er sich kaum noch rühren. Eines Tages brach er in der Toilette zusammen.

Wie sie hatte Ahmad al-Riz sich mit der ganzen Kraft seiner 25 Jahre der Revolution verschrieben. Im Frühling 2011 studierte er Informatik in Damaskus. Sechs Monate später versuchen die Aktivisten angesichts der vermehrten Festnahmen, sich zu organisieren, gehen in den Untergrund, entdecken die Verschlüsselung von Informationen. Ahmad geht in den Libanon, um sich bei einer ausländischen NGO weiterzubilden. Er lernt, seine Nachrichten zu schützen, eine Demonstration zu organisieren, sich und seine Familie in Sicherheit zu bringen.

Auf dem Rückweg wird er festgenommen, am 18. Februar 2012, und direkt in die Abteilung 215 des Militärgeheimdienstes gebracht. Nach sieben Tagen Verhör unter Folter, auf die eine Woche Isolation in der vierten oder fünften Etage folgt, lernt er das Innenleben der Hafteinrichtung kennen. Im Keller liegen elf Zellen einander gegenüber, von der Außenwelt abgeschottet. Auf einer Seite die Zellen «Holz», von 1 bis 7 durchnummeriert, auf der anderen Seite die Zellen «Eisen», durchnummeriert von 1 bis 4. Ahmad ist in der Zelle «Holz» Nummer 3 (siehe die Skizze im Anhang), mit fünfzig bis sechzig anderen Personen. Auf dem Boden ein Knüpfteppich der Armee, braun, verschmutzt, von Läusen und Schaben befallen. Draußen ist noch Winter, aber hier drinnen ist es zum Ersticken.

Nach sieben Monaten Haft in verschiedenen Geheimdienstabteilungen und der Parodie eines Gerichtsverfahrens landet Ahmad mit etwa fünfzig anderen Gefangenen im Gefängnis von Saidnaya, dreißig Kilometer nördlich von Damaskus, in den Bergen, in 1300 Metern Höhe. Die Begrüßung im Hof ist handfest: «Macht euch so nackt, als kämet ihr gerade aus der Möse eurer Hündin von einer Mutter.» Ahmad wird mit einem Dutzend Männer in einen Toilettenraum von einem mal anderthalb Metern gesteckt. Körper an Körper, inmitten von Exkrementen, bis zum nächsten Morgen. Das Schlimmste erwartet ihn dann: Zusammengepferchtsein, mangelnde Hygiene, verdorbene Lebensmittel … Nach einem Jahr in diesem Berggefängnis, aufgefressen von den Läusen, nur noch Haut und Knochen, stechende Schmerzen im Fuß, erschlagen von der Hitze des Sommers, sieht Ahmad den Tod kommen.

«Ahmad al-Riz! Du kommst ins Krankenhaus!» Man schreibt ihm mit dem Filzstift vier Ziffern auf die Stirn und befiehlt ihm, ganz wie Munir Abu Muaz: «Da unten sagst du nicht deinen Namen, nur deine Nummer.» Eine Nummer, an die er sich heute nicht mehr erinnern kann.

Ein Van bringt ihn ins Militärkrankenhaus von Tischrin. Im Nordosten der Hauptstadt gelegen, ist Tischrin das zweite Krankenhauszentrum nach Mezze. Ein Dutzend Gebäude auf zwölf Hektar. Mehr als sieben Stockwerke hoch, erstreckt sich das Hauptgebäude über 200 Meter Länge. Baschar al-Assad, ausgebildeter Ophthalmologe, hat hier vor seiner Präsidentschaft ein Praktikum absolviert. Vor der Revolution wurden hier Soldaten und Zivilisten versorgt. Seit einem Angriff der Freien Syrischen Armee Ende 2011 hat sich Tischrin in ein befestigtes Lager verwandelt. Panzer auf dem Boden, Scharfschützen auf den Dächern.

Der Raum, in dem Ahmad landet, liegt in einem kleinen Gebäude. Nebenan ist ein Zimmer für Kranke reserviert, die aus den Hafteinrichtungen kommen. Für diejenigen, die wie Ahmad aus Saidnaya kommen, gibt es keine Betten und keine Toiletten. Das Essen wird ihnen auf den Boden geworfen. Im Schlafsaal, unter den anderen Gefangenen, ein Mann von dreißig Jahren, abgemagert.

«Woher kommst du?», fragt ihn Ahmad.

«Aus Adra», flüstert er.

«Wie ist es da unten? Das Essen?»

«Man bekommt ein bisschen was zu essen.»

«In Saidnaya hat man Hunger, großen Hunger.»

Der Gefangene klagt über Bauchschmerzen. Sein Röcheln wird lauter.

«Bringt ihn auf den Gang», befiehlt der Wärter.

Ahmad gehorcht. Er legt den Gefangenen auf den Boden,

vor die Tür. Am nächsten Morgen findet er ihn an derselben Stelle, mit einer Spritze im Unterarm. Tot.

«Tragt diesen Hund raus!»

Mit Hilfe eines anderen Kranken schleppt Ahmad ihn in den Hof des Krankenhauses. Mit ostentativ angewiderter Miene schreibt der Wärter mit Filzstift eine Nummer auf die Leiche, macht eine Aufnahme und fordert die beiden dann auf, den Toten in einen durchsichtigen Sack zu stecken. Im Laufe des Nachmittags wird der Wärter fünf andere Leichen fotografieren und mit Nummern versehen, die Ahmad in Säcke steckt, um sie dann in einen Lieferwagen zu bringen.

Seit drei Monaten können die Fotografen der Militärpolizei nicht mehr nach Tischrin kommen, weil die Straßen unsicher sind. Die Wärter übernehmen die Routine mit Hilfe der Gefangenen selbst: Nummer auf die Leiche, Foto, Sack … Lieferwagen … mit unbekanntem Ziel.

Ahmad wird am nächsten Morgen nach Saidnaya zurückgeschickt. Drei Monate später, sein Zustand hat sich verschlimmert, muss er wieder nach Tischrin. Dasselbe Gebäude, dasselbe Zimmer. Ein Mann auf dem Boden will Wasser. Der Wärter befiehlt, ihn auf den Gang zu bringen. Am nächsten Morgen ist er tot, auch er mit einer Spritze im Unterarm. An diesem Tag wird Ahmad, der ehemalige Student, ein Dutzend Leichen in Säcke stecken und sie im Lieferwagen verstauen.

6
Zwischen den Fronten

Caesar «Mehrmals die Woche brachte ich die Fotos zu Sami. Wenn ich allein im Büro war, kopierte ich sie auf einen USB-Stick, den er mir gegeben hatte, immer in der Furcht, es könnte jemand hereinkommen und mich sehen. Wenn ich ging, versteckte ich den USB-Stick in meinem Gürtel oder Schuhabsatz. Um nach Hause zu kommen, musste ich vier oder fünf Straßensperren der Regierungstruppen passieren. Ich hatte große Angst. Ich wusste nicht, was mich erwartete. Die Soldaten konnten auf den Gedanken kommen, mich zu durchsuchen, auch wenn ich einen Armeeausweis hatte.

Während dieser beiden Jahre saß ich zwischen den Fronten fest. Ich fürchtete, von den Rebellen gefangen genommen zu werden, weil ich für das Regime arbeitete, oder vom Regime verhaftet zu werden, weil ich diese Folterbeweise sammelte. Von beiden Seiten drohte mir und meiner Familie der Tod.

Anfang 2013 wurde die Lage in Damaskus angespannter. Unsere Militäranlage wurde von zwei Seiten von der Freien Syrischen Armee belagert. Es handelt sich um eine sehr große Anlage, in der die Militärpolizei, die Spezialkräfte, ein Teil der Präsidentengarde, die Militärakademie und andere Abteilungen untergebracht sind. Die Rebellen hatten das Barza-Viertel im Norden und das Tischrin-Viertel im Osten eingenommen. Sie hatten Scharfschützen auf den höchsten Gebäuden von Barza postiert, die auf uns schossen. Die Straße, die unsere Anlage vom Tischrin-Viertel trennte, war nur vier Meter breit. Sechs Monate waren wir halb eingekreist, von Anfang 2013 an gerechnet.

Eines Tages musste ich zu Fuß zu einem anderen Büro. Unterwegs hat ein Scharfschütze auf mich geschossen. Ich weiß nicht, ob er zu den Rebellen oder zur Armee gehörte. Die Kugel hat mich nur um einen Meter verfehlt. Um nicht zur Zielscheibe zu werden, vermieden wir es, nach 19 Uhr, wenn es dunkel wurde, im Büro das Licht anzuschalten.

Vor dem Krieg betrat man die Anlage durch den Haupteingang, der auf eine am Barza-Viertel entlanglaufende Avenue ging. Nachdem die Rebellen das Viertel eingenommen hatten, musste man einen anderen Weg wählen. Man nahm einen Durchgang auf der Seite, der früher geheim war und nicht betreten werden durfte, weil er die ganze militärische Zone durchquerte.

Wegen der Auseinandersetzungen waren viele Wege in der Stadt versperrt. So konnten etwa Angestellte des Krankenhauses von Tischrin, die aus dem Zentrum von Damaskus kamen, nicht mehr wie gewohnt zur Arbeit gehen. Sie mussten einen steilen Umweg über den

112

Qasiyun-Berg nehmen, wo das Regime Straßensperren eingerichtet hatte. Dadurch waren sie nicht mehr zehn Minuten, sondern bis zu anderthalb Stunden unterwegs. Auch war es sehr gefährlich geworden, in Tischrin zu arbeiten. Das Krankenhaus wurde mehrfach von Aufständischen unter Granatenbeschuss genommen.

Selbst wir konnten nicht mehr dorthin fahren, um die Leichen zu fotografieren, weil die Route nicht mehr sicher war. Zudem wurden aufgrund der wachsenden Zahl der Leichen viele von ihnen zum Krankenhaus von Mezze geschickt, da es eine große Autogarage hatte und in einer Gegend lag, die ganz in der Hand des Regimes war.

Am gefährlichsten für mich waren in diesen beiden Jahren der Weg zur Arbeit und der Heimweg. Eines Morgens bin ich gegen 6 von zu Hause aufgebrochen. Ich war in einem Minibus, den man ‹Dienstbus› nannte. Der Fahrer hatte angehalten, da die Straße unter Beschuss stand, und wollte nicht weiterfahren. Wir waren vierzig Passagiere im Bus, darunter viele Angestellte. Ob Zivilisten oder Militärs, unsere Chefs verlangten von uns, dass wir zur Arbeit kamen, ganz gleich, wie es auf den Straßen aussah. Wir sagten dem Fahrer: ‹Wenn du uns bis ins Zentrum von Damaskus bringst, verdoppeln wir den Fahrpreis.›

Er zögerte, willigte aber wegen des Geldes schließlich ein und nahm einen anderen Weg, der über den Berg führt. Aber dort stießen wir auf eine Straßensperre der Freien Syrischen Armee. Wir waren darauf nicht gefasst, ihre Sperre war nur 700 Meter Luftlinie entfernt von der

Sperre der regulären Armee. Alle Straßen, die nach Damaskus führen, wurden kontrolliert, die Kofferräume der Autos und die Handtaschen der Frauen geöffnet, die Busse durchsucht. Am Ende, bevor ich aus dem Land geflohen bin, im Sommer 2013, waren weibliche Posten an den Straßensperren aufgestellt, um die Frauen einer Ganzkörperkontrolle zu unterziehen. Das Regime wollte die Landbewohner und die der benachbarten Städte daran hindern, das Zentrum der Hauptstadt zu erreichen.

In den ersten Revolutionsmonaten, bevor der Hass um sich griff, halfen sich Aufständische und Soldaten, so erzählte man, mit Tee, Mate oder Zucker aus. Die Rebellen der Freien Syrischen Armee hegten keinen Groll, auch keine Abneigung gegen die Vertreter des Regimes. Die Soldaten galten ihnen als Leute, die schikaniert wurden und Befehlen gehorchen mussten. Aber als die Massaker der regulären Armee an Zivilisten zunahmen, konnten sie nichts mehr zu ihrer Entschuldigung vorbringen. Die Fortsetzung der Revolution war für beide Seiten zu einer Sache auf Leben und Tod geworden.

Eines Morgens waren sie an der Straßensperre der Freien Syrischen Armee zu viert, mit Mehrtaschenwesten und Wollmasken. Einer von ihnen schaute durchs Fenster. Ich wurde aschfahl. Ich hatte große Angst, sie würden uns nach unseren Ausweisen fragen. Ich hatte nur meinen Armeeausweis. Obwohl ich die neben mir sitzende Frau nicht kannte, fing ich an, mit ihr zu zanken, als seien wir ein Ehepaar, weil ich dachte, sie würden dann nicht das Wort an mich richten.

‹Wo kommst du her?›, fragte der Mann den Fahrer. ‹Hast du Soldaten an Bord? *Mukhabarat*?›

‹Keine Ahnung.›

‹Also los, fahr schon.›

Ein anderes Mal hatte die Opposition eine Straßensperre am Eingang meiner Heimatstadt errichtet. Ich fuhr nach Hause. Einer der Rebellen hielt den Wagen an, ein anderer prüfte meinen Ausweis. Ich kannte ihn, er war Maurer und hatte Arbeiten in meinem Haus ausgeführt. Wir hatten ein gutes Verhältnis. Er wusste, dass ich für das Regime arbeitete. An der Straßensperre hat er nichts gesagt, er war sogar ausgesprochen freundlich und ließ mich passieren.

Es war merkwürdig, dass er so freundlich war, schwer zu glauben. ‹Da steckt etwas dahinter›, sagte ich mir. Ich kam nach Hause, sehr gestresst, und ging eine halbe Stunde ruhelos in meinem Wohnzimmer auf und ab. Dann bin ich zu ihm zurückgefahren. Ich musste wissen, was er im Schilde führte. Ich nahm ihn beiseite.

‹Warum hast du mich passieren lassen?›

‹Weil ich dich kenne. Aber du solltest die Regierungstruppen verlassen.›

‹Es ist schwierig zu desertieren. Mit meinen Eltern und meinen Geschwistern wäre es selbstmörderisch, die Armee zu verlassen, ohne sie vorher in Sicherheit zu bringen.›

‹Ja, ich weiß. Aber pass auf dich auf, das nächste Mal gerätst du wahrscheinlich an jemanden, der nicht so verständnisvoll ist.›

Sami hat daraufhin entschieden, dass ich mir einen Zivil-
ausweis machen lasse, um ihn an den Straßensperren der
Rebellen vorzuzeigen. Teile meines Viertels waren von
Einheiten der Freien Syrischen Armee eingenommen
worden.

An einem Montag verbreitete sich die Nachricht, dass das
Regime das Viertel belagern werde. Die Bewohner flohen
fast alle. Ich bin mit meiner Familie dageblieben. Die
Soldaten von Baschar plündern die Häuser, wenn sie in
eine Stadt oder ein Viertel vordringen. Unseres wollte ich
ihnen nicht überlassen. Das Viertel war leergefegt, es war
bedrückend. Beängstigend. Nur ein paar Alte oder Familien, die nicht wussten, wohin sie gehen sollten, waren
noch da. Es gab kein Wasser mehr, keine Elektrizität.
Nur noch den Lärm der Granateneinschläge.

Drei Tage später hat mich ein Angehöriger besucht. Er
hat mich gedrängt, das Viertel zu verlassen. ‹Wenn die
Armee dich sieht, wird sie denken, du seist desertiert,
weil du in einem von der Opposition verteidigten Viertel
bist. Und wenn die Rebellen dich finden, werden sie dich
gefangen nehmen, weil du für das Regime arbeitest.› Wir
haben ein paar unserer Siebensachen in Tüten gepackt.
Meine kleinen Brüder trugen sie auf dem Kopf, als würde
sie das vor den Granatwerfern schützen. Sie weinten. Als
wir einen Laster vorbeifahren sahen, mit Planen auf der
Ladefläche, haben wir uns darunter versteckt und sind
fort. Wie in einem Film, während die Granaten links und
rechts von uns einschlugen.

Am Ausgang des Viertels war ein Kontrollposten der regulären Armee, der die Einwohner daran hindern sollte zu verschwinden. Ich bin vom Laster gesprungen und habe den Soldaten beiseitegenommen, damit der Fahrer nichts mitbekommt.

‹Ich bin ein Kollege.›

‹Warum bist du dann im Viertel?›

‹Ich habe meine Eltern gesucht.›

Als das Viertel nicht mehr belagert wurde, sind wir zurückgekommen. Unser Haus war zerstört und geplündert worden. Das Schlimmste war, unsere Erinnerungen, unsere Fotos zu verlieren. Vieles fehlte: das französische Geschirr mit hochwertigen cremeweißen Tellern, der Moulinex-Mixer und eine auf Kredit gekaufte automatische Waschmaschine. Zweieinhalb Jahre hatten wir gebraucht, bis die 25000 Syrischen Pfund abbezahlt waren. Mein Eltern hatten alles auf Kredit gekauft, das Schlafzimmer, die Kücheneinrichtung … Meine Mutter liebte ihre Küche. Manche Geräte waren noch nie benutzt worden.

Aber die Festplatte, auf der die ganzen Kopien der Fotos waren, hatte Sami gerettet.»

Sami brachte Caesar regelmäßig USB-Sticks. Anfangs mit 4 oder 8, dann mit 16 Gigabyte Speicherplatz. Manchmal fürchtete der Militärfotograf, die Fotos könnten nicht vollständig sein. Dann kopierte er alle Aufnahmen des Monats noch einmal komplett auf CD, mit dem zusätzlichen Risiko, damit erwischt zu werden.

Sami wiederum überspielte das Ganze auf zwei Datenträger. Zunächst auf die Festplatte seines privaten Rechners, auf dem er die Fotos in Ordnern mit unverdächtigen Namen ablegte, für den Fall, dass ein Vertreter des Regimes darauf stieß. Dann auf eine externe Festplatte. Das nahm lange Minuten in Anspruch, die allerdings entscheidend waren. Nur die Originalfotos lieferten beweiskräftige Metadaten wie das Datum der Aufnahmen und das Modell der Kamera, mit der sie gemacht wurden. Und nur ihre Auflösung war hoch genug, um die Verletzungen analysieren und sich ein Urteil über die Todesursachen bilden zu können.

Damit auf keinen Fall etwas verloren ging, wurden die Fotos sofort übers Internet ins Ausland geschickt, nun mit niedriger Auflösung, also geringer Dateigröße. Stromausfälle, schlechte Verbindungen, Probleme mit der Datenverschlüsselung – oft wurden die Fotos auf gut Glück versandt.

Als das Regime ihre Stadt angriff, brachte Sami Frau und

Kinder fort, um sie in Sicherheit zu wissen. Dann kehrte er zurück, um einen seiner besten Freunde zu treffen, der von Anfang an in die Operation eingeweiht war. Vom Regime gesucht, weil er Videos von Demonstrationen ins Netz gestellt hatte, war es ihm nicht gelungen, das eingeschlossene Viertel zu verlassen. Die beiden Männer nahmen den Rechner und die externe Festplatte an sich. Da es nicht in Frage kam, damit einfach eine Straßensperre des Regimes zu passieren, steckten sie beides in eine Tüte, die sie unter einem Haufen Abfälle verbargen. Sie wussten aus Erfahrung, dass die Soldaten nicht suchen würden, wo es nichts zu stehlen gab. «In der Eile haben wir alles auf eine Karte gesetzt», sagt Sami heute lächelnd.

Als die Granateneinschläge heftiger wurden und die ersten Soldaten die Straßen stürmten, versteckten sich die beiden Männer in einem Nachbarhaus. Sie krochen in den Hohlraum über einer eingezogenen Decke. Drei Tage und drei Nächte verbrachten sie dort in Angst. Sami dachte an seine Familie, an seinen Vater, an die Kaninchen, die er auf dem Dach ihres Hauses hielt. «Wir mussten mitansehen, wie Soldaten einen jungen Mann zwangen, ‹Es gibt keinen Gott außer Baschar› zu sagen, bevor sie ihn erschossen. Wir hatten Angst, so sterben zu müssen. Nicht Angst vor dem Tod, aber davor, auf diese Weise zu sterben, ja.»

Wafa und Sadiq Der Tod. Wafa ist ihm entronnen und fühlt sich deswegen schuldig. Auch weil sie weniger als andere gelitten hat. Sie ist weder gefoltert noch vergewaltigt worden. Aber sie weint. Heute, als Flüchtling in der Türkei, erzählt sie ihre Geschichte zum ersten Mal. Vor drei Tagen war die einstige Schulangestellte noch in Syrien und zum Schweigen verurteilt. Ihr Mann ist in Haft gestorben. Seine Familie lebt noch immer in einer vom Regime kontrollierten Zone und muss daher ständig fürchten, verhaftet zu werden. Um zu berichten, hat sie beschlossen, sich Wafa zu nennen, was auf Arabisch «die Treue» bedeutet. Ihren ermordeten Mann nennt sie Sadiq, «der Aufrichtige».

«Wer hineinkommt, ist verloren, wer freikommt, wird wiedergeboren.» Der Satz ist fast schon ein Sprichwort, ein Sinnspruch, eine syrische Prophezeiung. Wie andere Zeugen wird Wafa ihn mehrmals wiederholen, um das Gefühl begreiflich zu machen, in dem die Syrer leben. «Wenn eine Person verhaftet wird, weiß man nie, wann sie freikommen wird. Und wenn sie herauskommt, ist es, als würde sie ein zweites Mal geboren, für ihre Familie und für die Gesellschaft, die sich seit der Verhaftung so sehr verändert haben.»

Im Syrien Hafiz al-Assads sind zwischen Ende der 1970er und Anfang der 1980er Jahre mehr als 17 000 Häftlinge verschwunden. Auf 117 000 aber schätzt die Menschenrechtsorganisation Syrian Network for Human

120

Rights (SNHR) die Zahl derer, die seit dem Beginn der Revolution verhaftet worden sind. Von mehr als der Hälfte von ihnen haben die Familien keinerlei Nachricht. In seinem Bericht vom August 2015 nennt das SNHR die Zahl von 215 000 Gefangenen, die von anderen Organisationen vor Ort ermittelt wurde.

Wafa und Sadiq wurden gleichzeitig verhaftet, im Mai 2013. Sie hatten längst damit gerechnet. Ein gepackter Koffer stand bereit, falls sie überstürzt würden aufbrechen müssen. Daheim schaute das kinderlose Paar ausländische Sender wie Al Jazeera oder Al Arabiya. Wenn sie aus dem Haus gingen, änderten sie im Decoder die Sender, falls ein Geheimdienstagent überprüfen sollte, ob sie sich bei Medien informierten, «die das Bild ihres Landes in den Schmutz ziehen».

Er war Beamter, sprach gerne über Freiheit, über Pazifismus. Häufig warnte er Jugendliche davor, aus «Selbstliebe», aus «Leichtfertigkeit» oder aufgrund von «Beeinflussung» Waffen zu tragen. «Er weigerte sich», so erinnert sich seine Frau heute, «die vom Regime verordnete Sprache zu sprechen, also die Religion in den Vordergrund zu stellen und zu behaupten, die Revolution sei von ‹Sektierern› angezettelt worden, bei denen es sich ausschließlich um Sunniten handele, die das Ende der Alawiten wollten».

Am Morgen seiner Verhaftung wartet das Paar auf der Straße auf einen Freund, um eine neue Wohnung zu besichtigen. Wie naiv der Gedanke ist, ein Umzug könne sie schützen, zeigt sich, als eine Streife der Militärischen Sicherheit eintrifft und ihnen befiehlt, in den Wagen zu steigen, ohne auch nur ihren Ausweis zu kontrollieren. Offenbar wissen sie genau, wer die beiden sind. Wafa und Sadiq werden in eine Abteilung des Militärgeheimdienstes verbracht. Auf dem Weg schlägt man Sadiq mehrmals ins Gesicht. Die Agenten schnappen sich ihren Computer und die Mobiltelefone und versuchen herauszubekommen, was sie an Geld oder Goldschmuck bei sich tragen.

Im Büro der Ermittler sitzen Wafa und Sadiq nebeneinander. Ein Offizier kommt herein und fragt:
    «Wer ist das?»
    «Herr und Frau Soundso», antwortet ein Kollege.
    «Warum hast du seine Frau verhaftet? Die wollen wir nicht. Gib ihr den Ausweis zurück und lass sie gehen.»
    «Vielleicht brauchen wir sie noch.»
    «Nein, lass sie gehen.»
    «Na so was, da hat ja wohl einer ein gutes Herz!»
    Der Ermittlungsbeamte tritt zu ihm und flüstert ihm etwas ins Ohr. Der Vorgesetzte geht wieder. Wafa muss bleiben.

Nach einer kurzen Befragung wartet das Paar stundenlang stehend auf dem Gang. Man untersagt ihnen, sich zu unterhalten oder anzuschauen. Dann ruft man Sadiq zurück ins Büro. Mit verbundenen Augen und zerrissenen Kleidern wird er wieder herauskommen, ohne Krawatte, das Hemd aus der Hose. Es ist das letzte Mal, dass Wafa ihren Mann sieht.

Auch sie führt man dem Ermittler vor. «Er befal mir, mich auszuziehen. Ich war völlig erstarrt. Niemand außer meinem Mann hatte mich je nackt gesehen, und nun sollte ich mich vor einem Fremden ausziehen. Ich dachte, er würde mich vergewaltigen. Er wollte mich nur durchsuchen. Ich konnte mich nicht mehr rühren, habe es nicht einmal geschafft, meinen Mantel zuzuknöpfen. Meine Hände waren wie betäubt.» Die Ermittler geben ihr die Nummer 24 und schicken sie zunächst in eine überhitzte Zelle, in der schon zwei Frauen sind. Die beiden rücken etwas zusammen, so dass Wafa sich in der Nacht ein bisschen ausstrecken kann. Am nächsten Morgen bringt man sie auf die siebte Etage, in einen Raum von vier Quadratmetern ohne Fenster, ohne Betten, in dem sieben Frauen festgehalten werden. Am Boden liegen ein paar mickrige schmutzige und verlauste Decken.

Häftling mit drei Jahren

Bei den Frauen ist Rascha. Die kleine Rascha. Drei Jahre ist sie alt. Sie trägt die Nummer 8. Bei ihrem Anblick verliert Wafa die Fassung. Sie schreit: «Was hat sie getan? Ihr behandelt uns, als wären wir schon tot!» Das Kind ist mit seiner Mutter da. Tagsüber spielen die Frauen mit ihm, Köchin oder Marktfrau, mit kleinen Schritten tippeln sie durch die zwei freien Quadratmeter der Zelle. «Wer kümmert sich um meinen Vogel?», fragt Rascha ständig. «Ist er jetzt tot?» Eines Nachmittags steckt das Mädchen den Kopf durch das kleine Fenster in der Zellentür, macht mit ihren Fingerchen das Victory-Zeichen und ruft in seiner kindlichen Aussprache «Huliya!» statt «Hurriya!». «Freiheit.»

Einer der Wärter, ein Angehöriger der drusischen Minderheit im Land, lässt sich erweichen. Er bringt Wafa das T-Shirt eines Insassen aus der Zelle gegenüber, eine Schere und eine Nadel.

An diesem Frühlingsmorgen in Istanbul kramt Wafa unter Tränen, in denen sich Freude und Schmerz mischen, eine Plastiktüte mit einem Trägerhemd darin aus ihrer Handtasche. Mit unendlicher Zärtlichkeit streicht sie wieder und wieder mit den Händen über das kleine Hemd, um es zu glätten. «Ich habe es ihr genäht, damit sie sich umziehen konnte, wenn wir ihre Kleider gewaschen haben. Ich habe ihr auch eine kurze Hose gemacht.»

Später, sehr viel später, nach ihrer Befreiung, als Wafa sich die ins Netz gestellten Fotos von Caesar anschaut, erkennt sie jenen Wärter, A. Z. mit Namen, an seinem großen Schnauzbart wieder. «Er war der einzige Wärter, der ehrlich mit uns war. Während die anderen mir ständig drohten: ‹Pass auf, sonst bringen wir dich runter.›» Wafa hatte rasch begriffen, dass ihre Zelle ein «Hotel» war verglichen mit den Kerkern im Keller. Zwei Mahlzeiten pro Tag, manchmal frische Früchte. «Wir wurden bevorzugt. Wir bekamen Damenbinden, während ich gehört habe, dass die Frauen anderswo Stofffetzen benutzten, die sie wuschen und wiederverwendeten, während sie noch feucht waren.»

Hier, im siebten Stock, teilen sich alle ein winziges Stück Seife. Wafa versucht, ein Minimum an Hygiene aufrechtzuerhalten, um nicht krank zu werden. Sie hat nur die Kleider, die sie am Leib trägt, und wäscht sie, um sie dann noch feucht wieder überzuziehen. Nachts müssen die Frauen ihre Beine senkrecht an der Wand hochstellen, um ihren Rücken ausstrecken zu können.

In der Zelle gegenüber verfault ein Mann seit über zwanzig Jahren. Ein anderer wartet schon fünf Jahre. «Sie waren dort, ohne verurteilt worden zu sein», empört sich Wafa. «Sie schienen gebildet zu sein. Andernfalls hätten die Wärter auch nicht gewagt, im Gang zu schlafen. Gleich in ihrer Nähe.» Zuweilen blieben sogar die Zellentüren offen.

Ihre Verhöre entsprechen nicht der Vorstellung, die Wafa sich von den Foltersitzungen der *mukhabarat* gemacht hat. Viele Syrer fürchten die Folter mehr als den Tod. Wafa wird jedoch nicht geschlagen, nur beleidigt. Nach einigen Wochen haben die Gänge ins Büro der Ermittler fast schon «symbolischen» Charakter. Sie wiederholen die immer gleichen Fragen, ohne eine Antwort zu erwarten. «Gehörst du einer Hilfsorganisation an?» «Dein Mann ist ein Terrorist, er organisiert Attentate mit Autobomben.»

Die einstige Schulangestellte ahnt damals schon, dass ihr Mann längst tot ist und die Ermittler nicht länger Druck ausüben können, um ihr Geständnisse zu entlocken. Die Geheimdienstagenten müssen nur dafür sorgen, dass sie «unversehrt» bleibt. Um von ihrer Familie Geld zu erpressen oder um sie auszutauschen. Das sind die beiden Möglichkeiten.

Draußen erreichen die Repressionen einen neuen Höhepunkt. In diesem Sommer 2013 tötet am Morgen des 21. August ein Sarin-Angriff in der Ghuta-Ebene mehr als 1500 Zivilisten. Die von den Rebellen gehaltene ländliche Umgebung von Damaskus wird bereits seit fünf Monaten von der Armee belagert. Sehr rasch kann es keine Zweifel mehr geben. Niemand außer dem Regime verfügt über Raketenwerfer, die in der Lage sind, diesen chemischen Kampfstoff einzusetzen. Die französischen Geheimdienste werden tätig, die Abgeordneten des Europaparlaments verleihen ihrer Empörung Ausdruck.

Schon im Frühjahr waren bei 28 örtlich begrenzten Angriffen mindestens 73 Zivilisten getötet worden. Aber diesmal kann der Westen angesichts der Zahl der Opfer an einem einzigen Ort nicht mehr wegschauen. Frankreich und die Vereinigten Staaten arbeiten Hand in Hand. Barack Obama hat eine Intervention für den Fall angedroht, dass das Regime die rote Linie des Einsatzes von Chemiewaffen überschreitet. Ein bevorstehender Schlag gegen die syrischen Kommandozentren nimmt deutlichere Umrisse an. Aber die westlichen Hauptstädte winden sich. «Bestrafung», «Abstimmung», «Beweise abwarten» … Am Ende werden die Vereinigten Staaten einen Rückzieher machen und sich gegen einen Militärschlag entscheiden.

In den Hafteinrichtungen der syrischen Hauptstadt bereitet man sich auf die Vergeltungsmaßnahmen vor. Die

Offiziere haben die Gebäude verlassen. Wafa hört neben ihrer Zelle zwei auf dem Boden sitzende Wärter flüstern: «Wenn es zu einem Militärschlag kommt, müssen wir sie also töten?» Die Tür der Etage ist von außen verschlossen worden. Die beiden Männer wirken unruhig. Obwohl ihnen Handys bei der Arbeit normalerweise verboten sind, haben sie ihre bei sich. Aber ohne Waffen, nur mit einfachen Schlagstöcken ausgerüstet, bekommen sie es mit der Angst zu tun.

Überall werden überstürzt Vorkehrungen getroffen. Mazin al-Hamada, der Aktivist, der ein *sukhra* in den Zellen des Militärflughafens von Mezze geworden ist, wird mit mehreren hundert anderer Gefangener aus den Zellen geholt. Von etwa vierzig bewaffneten Soldaten in Schach gehalten, werden sie ans Ende der Landebahnen geführt. Ein desertierter Offizier, ein Häftling wie Mazin, läuft neben ihm. Der mit den Gepflogenheiten vertraute Mann wundert sich, dass keine Flugzeuge mehr in den Hangars sind. An den Eingängen zu den Gebäuden sind neue Türen eingebaut worden. «Man hat uns in die Hangars gebracht, damit wir als menschliche Schutzschilde dienen», erzählt Mazin heute.

Kein Militärschlag. Die Routine tritt wieder in ihre Rechte ein.

Wafa aber wird einen Monat später nach unten ins Büro der Ermittler geführt, die ihr versprechen:
«Du kommst nach Hause.»
«Was habt ihr mit meinem Mann gemacht?»
«Er wurde an die Justiz überstellt.»

«Und wieso komme ich nicht vor Gericht? Was werdet ihr mit mir tun? Ich will meinen Ausweis, meinen Computer, meine Hausschlüssel.»

Sie will ihre Sachen zurückhaben. Man verlangt Geld dafür. Sie weigert sich und wird ausgetauscht. In dem Wagen, in den sie einsteigen muss, sitzen zwei *schabbiha*, Milizionäre des syrischen Regimes, tätowiert, kahlrasierte Schädel, Granaten in der Hand. Wafa wird als Lösegeld für Soldaten dienen, die von den Aufständischen gefangen genommen wurden.

Als sie wieder zu Hause ist, erfährt sie von ihrer Familie, dass einer ihrer Neffen – der ihrem Mann am nächsten stand – ebenfalls verschwunden ist. Gegen ein Bakschisch an Vertreter des Regimes hatte er gleich nach ihrem Verschwinden in Erfahrung gebracht, wo Wafa und Sadiq inhaftiert waren. Und mit noch einmal mehreren 10 000 Syrischen Pfund hatte er erreicht, dass Wafa mit ihrem Bruder telefonieren durfte. Eine seltene Vergünstigung. Ein anderes Familienmitglied, das innerhalb des Regimes arbeitete, hatte das Telefonat gedeckt: «Man will, dass du deine Familie beruhigst.» Ins Telefon hatte Wafa aus Vorsicht nur zu sagen gewagt: «Alles ist in Ordnung.»

Die Folgen für den Neffen waren absehbar. Eines Morgens wurde sein Auto von mehreren *mukhabarat* angehalten. Sie ließen seine Frau aussteigen und fuhren in seinem Auto mit ihm fort. Er war der dritte von drei verhafteten Brüdern. Der erste war im Frühjahr 2013 verschwunden, als er Brot holen ging. Beim zweiten hatte das Regime den Eltern zweieinhalb Monate nach seiner Festnahme angeboten, sie könnten dafür zahlen, ihn am Krankenhausbett zu besuchen. Dort lag er mit einer Kopfwunde. Ihm blieben nur noch Stunden.

Aber was war mit dem Neffen, der Himmel und Erde in Bewegung gesetzt hatte, um Wafa ausfindig zu machen und freizubekommen? Seither hatte man nichts mehr von ihm gehört. War er am Leben? War er unter den Tausenden von Leichen, die von der Militärpolizei fotografiert worden waren, wie Sadiq? Einer der Freunde von Wafa hatte tatsächlich das Foto ihres Mannes in Caesars Akten gefunden und es ihr gezeigt: «Das war am 24. Juni 2014», erinnert sie sich heute, als könnte dieser Tag ihr das Datum von Sadiqs Tod ersetzen, das sie wahrscheinlich nie in Erfahrung bringen wird. Nur eine ungefähre Vorstellung bleibt ihr: «Als ich die Aufnahme gesehen habe, wurde mir klar, dass er sehr bald nach unserer Verhaftung gestorben sein muss. Ich hatte ihm tags zuvor die Haare geschnitten. Sie hatten keine Zeit nachzuwachsen. Sein Bart auch nicht.»

Ein Jahr später, zehn Tage bevor sie aus Syrien in die Türkei flieht, richtet Wafa Teller mit Pistazien und Trockenfrüchten her, um die Verlobung ihres Bruders zu feiern. Die Familien haben sich im Wohnzimmer versammelt, aber ihre Gedanken sind anderswo.

Der junge Verlobte öffnet auf seinem Rechner die Facebook-Seiten, auf denen die Porträts verstorbener Häftlinge zu sehen sind. Tatsächlich beginnen die Fotos aus der Akte Caesar, sich in den sozialen Netzwerken zu verbreiten. Die grausige geheime Datenbank, erläutert ihnen Wafas Bruder, erlaube es denen, die keine Nachricht von einem Bruder, einem Ehemann, einer Tochter haben, Gewissheit über deren Tod zu erlangen. Die Gesichter um den Bildschirm rücken enger zusammen. Das Foto des dritten Neffen ist da, unter Hunderten von anderen.

Auch heute, in ihrem Istanbuler Asyl, hat Wafa nicht aufgehört, Caesars Porträts zu durchforsten, die zu Tausenden im Netz kursieren. Unfähig, «in ihr früheres Leben zurückzukehren», «voller Scham darüber, gut behandelt worden zu sein», beseelt von dem «Wunsch, das Leiden der anderen nicht zu vergessen». Das ist ihre Weise, weiterhin teilzunehmen an dem, was in Syrien geschieht. «Wir sind verantwortlich für das, was uns heute widerfährt», sagt die Überlebende. «Wenn wir stumm bleiben und den Diktatoren das Wort überlassen, stellen wir ihnen einen Blankoscheck aus. Es war unser Schweigen nach dem Drama von Hama, das uns überhaupt so weit gebracht hat. Wie viele Familien wissen immer noch nicht, wo ihre Angehörigen sind, die während dieses Massakers verschwunden sind?»

7

Bei den Familien der Verschwundenen sein

Caesar «Manchmal habe ich Müttern helfen können, die ihre Söhne suchten. Wenn sie mich um Hilfe baten, hatten sie schon alles versucht. Sie hatten Kontakte, die nichts ausrichten konnten, oder sie hatten für nichts und wieder nichts Geld überwiesen.

Die Syrer haben in diesem Land immer bezahlt, um etwas über ihre inhaftierten Angehörigen in Erfahrung zu bringen. Aber seit der Revolution hat die Korruption andere Ausmaße angenommen. Im Innern der Armee und der Geheimdienste hat sich die Autorität zersetzt, Anweisungen werden immer weniger befolgt, die Pfeiler des Regimes sind irgendwie morsch. Diese Mafia ist eine Art Dschungel geworden. Viele haben die Gelegenheit ergriffen, mit dem Verkauf von Informationen, auch falschen, noch mehr Geld zu machen. Die kleinste Frage an ein Mitglied des Regimes will bezahlt werden, die kleinste Antwort auch.

Vor dem Krieg konntest du dich beschweren, wenn jemand von dir Geld erhalten und dich übers Ohr gehauen hatte. Heute ist das unmöglich. Wenn heute ein Vater wissen will, wo sein Sohn inhaftiert ist, von dem er seit

Monaten keine Nachricht hat, wird er versuchen, einen Offizier, einen Geheimdienstagenten oder einen regierungsnahen Anwalt zu kontaktieren. Aber wenn sie ihm Geld für das Versprechen abknöpfen, seinen Sohn freizubekommen, und nicht Wort halten oder lügen, weil er schon tot ist, was soll der Vater dann tun? Sich bei den Machthabern beschweren? ‹Was›, wird man ihm entgegnen, ‹du willst Informationen über einen Terroristen? Du bist selber ein Terrorist. Du hast deinen Sohn zum Terroristen erzogen. Du gehörst selber ins Gefängnis!› Ein Agent deckt den anderen.

Es gab Mütter, die über mich an Informationen zu kommen versuchten. Da ich kein hochrangiger Offizier war, hatte ich weniger Macht als andere. Wenn sie sich an mich wandten, dann weil sie verzweifelt waren. Aber es war äußerst riskant für mich, auf meinem Handy angerufen zu werden, da es abgehört wurde. Ich rief dann von einem der öffentlichen Telefone zurück, die man nicht abhörte. Dank einiger Freunde bin ich an Informationen gelangt. Wenn die Gefangenen aus den Hafteinrichtungen der Geheimdienste kamen, wurden sie an die Militärpolizei überstellt, bevor sie ins Gefängnis gingen. Aber ich wusste nichts darüber, was in diesen Hafteinrichtungen geschah.

Wenn ich diesen Familien half, fühlte ich mich besser. Ich hatte ein etwas ruhigeres Gewissen, auch wenn ich weiterhin für das Regime, für Baschar al-Assad arbeitete.

Wer beispielsweise Informationen über einen Angehörigen erhalten will, der vom Militärgeheimdienst festgenommen worden ist, wendet sich prinzipiell an die Militärjustiz. Falls der Gefangene tot ist, schickt man den Fragesteller zum Krankenhaus von Tischrin, wo die Archive der Rechtsmediziner sind und er sich eine Sterbeurkunde aushändigen lassen kann. Sitzt der Angehörige dagegen im Gefängnis, verweist man den Bittsteller an die Militärpolizei, die ihm eine Besuchserlaubnis ausstellen kann. Und ist er in der Hafteinrichtung einer Geheimdienstabteilung, erledigt man die Angelegenheit damit, dass man behauptet, keinerlei Informationen über ihn zu haben.

Darum ist es so wichtig, Kontakte und Geld zu haben.

Während der zwei Jahre, in denen ich Aufnahmen von Gefangenenleichen gemacht habe, ist etwa ein Dutzend Familien direkt in unsere Dienststelle gekommen. Anhand der Häftlingsnummer oder der des ärztlichen Berichts kann man ein Foto in den Archiven finden. Hat man dagegen weder die eine noch die andere Nummer zur Hand, ist das unmöglich, da die Fotos ja nicht unter den Namen der Toten abgelegt werden.

Eines Tages kam ein Mann wegen des Fotos seines Bruders. Er wurde von einem Ermittlungsbeamten der Militärpolizei und vom Chef unserer Abteilung begleitet. Er hatte die Häftlingsnummer seines Bruders erhalten. Dass jemand mit all diesen Informationen zu uns kam, war ungewöhnlich. Wir haben das Foto der Leiche mit dieser Nummer gefunden, und er hat es gesehen. An einer Tätowierung und einem Goldzahn hat er seinen Bruder erkannt, einen Familienvater mit zwei Kindern. Als er ging, hat der erschütterte Mann dem Ermittlungsbeamten Geld hingehalten. Der hat es abgelehnt, solange ich dabei war, aber ich bin mir sicher, dass er es später genommen hat.

Ein andermal sind zwei Frauen gekommen, auch sie mit einem Ermittlungsbeamten und mit dem EDV-Beauftragten der Dienststelle. Sie waren Schwägerinnen und auf der Suche nach dem Mann der einen, dem Bruder der anderen. Sie waren um die 30, 35 Jahre alt. In der Hand hatten sie ein vom Geheimdienst ausgestelltes Blatt, auf dem die Nummer des Rechtsmediziners stand. Dank dieser Nummer konnte ich herausfinden, an welchem Tag man den Mann fotografiert hatte. Das war nicht schwer, da die Fotos unter dieser Nummer und dem Datum abgelegt sind. Es gab also nur dreißig oder vierzig Fotos, die ich in den Unterlagen für diesen Tag prüfen musste.

Als sie das Foto sahen, begannen sie zu schreien, sich das Gesicht zu zerkratzen und die Haare auszureißen. Es war sehr hart, da ich nichts sagen konnte und auch nicht zeigen durfte, dass ich ihren Schmerz verstand. Und sie selbst durften nicht einmal das Regime verfluchen, das ihren Mann und Bruder getötet hatte. Sonst wären sie ihrerseits verhaftet worden. Die eine ist in Ohnmacht gefallen. Ein Agent hat Eau de Cologne geholt, um sie wieder zu Bewusstsein zu bringen. Ich erinnere mich noch gut, es war das erste Revolutionsjahr, denn damals konnten die Soldaten sich noch Eau de Cologne leisten, was später wegen des Krieges zu teuer wurde.

134

Ein anderer Fall. Vertreter des Regimes hatten die Familie eines inhaftierten Jungen kontaktiert. Sie hatten versprochen, ihn für eine halbe Million Syrische Pfund freizulassen (damals etwa 3300 Euro). Der Vater des Jungen kannte jemanden bei der Militärpolizei. Dieser Polizist hatte ihm gesagt, sein Sohn sei höchstwahrscheinlich tot und er solle nicht zahlen. Der Vater wollte das nicht wahrhaben und war bereit, ihnen die Summe zu geben.

Der Militärpolizist ist zu mir gekommen und wir haben gesucht. Wir hatten das ungefähre Todesdatum. Schließlich haben wir den Jungen gefunden. So wie die Leiche aussah, musste er schon kurz nach seiner Verhaftung gestorben sein. Der Polizist hat mit seinem Handy eines der Bilder aus der Akte des Jungen fotografiert, auf dem nur die untere Körperhälfte zu sehen war. Dennoch konnte man ihn wiedererkennen, an seinen Unterhosen mit Schachbrettmuster. Ich wollte nicht, dass der Polizist andere Fotos kopierte, vor allem nicht vom Gesicht, weil ich große Angst hatte, die Eltern könnten sich bei den Sicherheitsdiensten beschweren, die ihnen Geld abnehmen wollten, obwohl der junge Mann schon tot war. Der Polizist hat mir hoch und heilig versprochen, das Foto von seinem Handy zu löschen, damit wir beide nicht Gefahr liefen, verhaftet zu werden.

Wer in Syrien in Haft kommt, wird gefoltert und kann echte oder falsche Informationen preisgeben, die zehn weitere Personen ins Gefängnis bringen. Ganz gleich, ob sie mit der Sache etwas zu tun haben oder nicht.»

Ahmad Als Khalid gestorben ist, schreibt man seiner Leiche eine Nummer und einen Namen auf die Stirn: «9077» und «Dschawiya» («Luftwaffe», was so viel wie «Luftwaffengeheimdienst» heißt). Der Rechtsmediziner weist ihm für seinen ärztlichen Bericht die Nummer 3217 zu. Auf dem Foto sind keine offensichtlichen Spuren von Folter zu sehen, man erkennt Khalids Gesicht wieder, trotz einer Verbrennung am Auge und einem Zehntagebart. Einziges Anzeichen: Einer seiner Füße ist rot. Khalid trägt immer noch Oberteil und Unterteil des Schlafanzugs, den er unter den Kleidern anbehalten hatte, als er zum Metzger ging. Es war kalt an jenem 2. Januar 2013, an dem ihn eine Streife des Luftwaffengeheimdienstes auf der Straße aufgriff. Es war seine zweite Verhaftung.

Der 42 Jahre alte Familienvater war Baustellenleiter in Daraya, einem größeren Vorort von Damaskus. Zehn Kilometer südwestlich der Hauptstadt gelegen, unweit des Militärflughafens von Mezze, zählt diese Stadt mit ihren rund 200 000 Einwohnern zu den Orten, an denen die friedliche Revolution ausbrach. Seit den ersten Frühlingstagen 2011 marschierten junge Menschen schweigend für die Freilassung von politischen Gefangenen. Manche skandierten «Silmiya, silmiya!» («Friedlich, friedlich!»). Andere reichten den Soldaten der Regierungstruppen Blumen und Wasser.

Die erste Verhaftung von Khalid hatte im März 2012 in seinem Büro stattgefunden. Kurz darauf postete ein vom

Geheimdienst entlassener Häftling die Liste seiner Zellengenossen auf einer Daraya gewidmeten Facebook-Seite. Um die Familien, die Freunde, die Nächsten möglichst rasch zu informieren. Den Abstieg in die Hölle zu begreifen, die den Gefangenen im Dunkel der Kerker bereitet ist, reicht nicht aus. Man muss sich auch das Schweigen vergegenwärtigen, in das ihr Verschwinden ihre Mütter, ihre Brüder, ihre Kinder einmauert, die grausame Abwesenheit, die gewalttätige Arroganz der Geheimdienste. Nachricht von den Häftlingen zu bringen, ist gefährlich, aber von unschätzbarer Bedeutung.

In den 1980er Jahren saßen Tausende von Islamisten im Gefängnis von Palmyra ein, mitten in der Wüste, ohne dass man ihre Familien darüber informiert hätte. Unzählige sind an Hunger und unter der Folter gestorben. Oder sie wurden Opfer von Massenexekutionen wie jener vom 27. Juni 1980. Einen Tag nach einem missglückten Anschlag auf Hafiz al-Assad marschierte die Armee ins Gefängnis ein, um tausend Gefangene zu töten.

Auch heute verschwindet, wer die Schwelle einer Hafteinrichtung überschreitet. Und zuweilen wollen die Angehörigen eine erschöpfte Mutter, einen alten Vater schonen und verschweigen ihnen, dass der Sohn oder die Tochter verhaftet wurde. Verheimlichter Tod. Erinnerungsverbot.

Als jener Gefangene aus Daraya also freikam, verbreitete er Khalids Namen in den sozialen Netzwerken. «Bist du sicher? Ist er es wirklich gewesen?», fragte ihn Ahmad, Khalids Bruder. Ein anderer Freund stellte einen Kontakt zu einem Vertreter des Regimes her, der sich für 400000 Syrische Pfund, damals etwa 4000 Euro, bereiterklärte, heimlich Khalids Stimme aufzunehmen und der Familie vorzuspielen. «Ich habe ihn sofort erkannt», sagt Ahmad. Fünf Monate später kommt der Bauleiter frei: Rückkehr in eine von Schmerzen und Gewalt geprägte Wirklichkeit.

Einige Wochen später wird das friedfertige Daraya Schauplatz eines der schlimmsten Massaker des Krieges. Am 25. und 26. August 2012 werden in einer Strafexpedition des Regimes fast 700 Einwohner des Ortes hingerichtet. Den Imam des Ortes, der Gewaltlosigkeit predigte, hatte man zuvor bereits verhaftet. Ghiyath Matar, ein junger Mann von 26 Jahren, der den Soldaten Rosen geschenkt hatte, war zu Tode gefoltert, sein Körper der Familie übergeben worden. Selbst das amerikanische State Department hatte sich über seinen Tod empört. Aber Daraya war ungebrochen, der Ruf nach Demokratie verstummte nicht. Am 20. August zog die Armee schließlich ihre Truppen um die Stadt zusammen und blockierte Ein- und Ausfallstraßen, bevor sie die Vororte bombardierte. Danach drangen die *schabbiha*, die Milizen des Regimes, in die Stadt ein, durchkämmten die Viertel, richteten ein Blutbad in den Moscheen an, exekutierten jeden, der sich auf die Straße wagte, und schlachteten in den Treppenhäusern ganze Familien ab.

Tags darauf sind die Straßen von Opfern übersät. Männer, Frauen, Kinder, Alte. Im Staatsfernsehen Addounia spricht der Nachrichtensprecher von einem Massaker, das von Terroristen verübt worden sei, und behauptet, die Armee habe die Stadt von bewaffneten Banden befreit. Dann schaltet er zur Reporterin vor Ort. Die Sonnenbrille im Haar, das blaue Hemd passend zur kugelsicheren Weste, wendet sie sich an die Zuschauer: «Wie Sie sehen können, liebe Zuschauer, sind die Opfer überall. Ich weiß nicht, ob Worte das fassen können … Warten Sie, hier ist eine Frau, die noch lebt … wir werden mit ihr sprechen und hören …»

Eine groteske Reportage. Und widerwärtig. Die Reporterin steigt über Leichen, hält ihr Mikro einer verwundeten alten Frau hin, die sich auf dem Friedhof zu Boden geworfen hat, weil sie Mann, Tochter und beide Söhne verloren hat. Als Nächstes interviewt sie ein dreijähriges Mädchen, das wie versteinert auf einem Pick-up neben der Leiche seiner Mutter sitzt. Untermalt von bombastischer Musik wie in einem Actionfilm folgt die Reporterin in verlangsamten, dann wieder beschleunigten Sequenzen den Soldaten auf ihrer «Mission, die Stadt von verbliebenen Terroristen zu säubern».

Von Soldaten umringt, machen sich die befragten Zeugen die Sprache des Regimes zu eigen.

Während des Angriffs ist ein Onkel väterlicherseits von Khalid, Ahmad Dschalal, ein geachteter, Gewaltlosigkeit predigender Imam, verhaftet worden. Der Rest der Familie ist aus der Stadt geflohen, um einige Kilometer nördlich im Mezze-Viertel von Damaskus unterzukommen. Drei der sechs Brüder, ihre Frauen und Kinder bewohnen gemeinsam ein großes Haus mit sieben Zimmern. Als Khalid an jenem 2. Januar 2013 vom Einkaufen nicht zurückkommt, ist seinem Bruder Ahmad schon alles klar. Der Tabakhändler bestätigt ihm, dass ein Informant Khalid bei den *mukhabarat* denunziert hat. Eine Streife des Luftwaffengeheimdienstes ist gekommen und hat ihn festgenommen.

Ahmad nimmt erneut Kontakt zu einem Vermittler auf. Diesmal ist es ein pensionierter Offizier. Beim ersten Treffen in einem Café schiebt Ahmad ihm einen Umschlag mit 1500 Dollar über den Tisch. «Gib mir etwas Zeit, ich sehe, was ich tun kann», verspricht ihm sein Gegenüber. Eine Woche später trifft Ahmad ihn wieder, im selben Café. «Deinem Bruder geht es gut. Die Wärter haben Weisung, ihn nicht zu schlagen. Wenn du willst, dass er freikommt, kostet dich das 1500 Dollar für den Chef der Abteilung.» Ahmad opfert weitere Ersparnisse, verkauft einen Goldarmreif seiner Frau. Einige Wochen vergehen, bis er den pensionierten Offizier wiedersieht. «Man hat einen Bericht aufgesetzt, damit er nicht als Terrorist verurteilt wird.» Es verstreichen noch einmal anderthalb Monate. «Geduld», ermahnt der ehemalige Soldat Ahmad. Beim nächsten Mal versichert er: «Es geht ihm gut. Keiner wird ihm etwas tun. Er wird durch eine Amnestie freikommen.»

In Wahrheit ist Khalid längst tot. Weniger als zwei Wochen nach seiner Verhaftung ist er gestorben, glaubt man dem Foto, das Caesar und seine Kollegen gemacht haben. Aber die Familie hat lange die Hoffnung nicht aufgegeben. «Was hätten wir anderes tun sollen?», entschuldigt sich Ahmad heute, da er mit seiner ganzen Familie in die Türkei geflohen ist.

Ein Jahr zuvor hatten sie Munser, den jüngsten der Brüder, tatsächlich freikaufen können. Wegen Terrorismus zu fünfzehn Jahren Gefängnis verurteilt und im Gefängnis von Saidnaya inhaftiert, wurde er von einem bestochenen Richter entlassen. Auch einer seiner Onkel hatte von einem solchen Arrangement profitiert. Nach dreimonatiger Haft wurde der alte Mann zunächst in das Zivilgefängnis von Adra verlegt und kam dann frei. Heute hat er seine Sinne nicht mehr ganz beisammen, sieht schlecht, hört nur noch auf einem Ohr. Sein zeitweiliger Aufenthalt im Krankenhaus 601 von Mezze, wo er mit ausgekugelter Schulter ans Bett gefesselt war und halluzinierte, ist nicht spurlos an ihm vorübergegangen. «Das Vorgehen ist einfacher, wenn die Angehörigen im Gefängnis sitzen», erläutert Ahmad. «Der Anwalt kann dafür sorgen, dass die richtige Person das Geld erhält. Wenn die Häftlinge in Hafteinrichtungen des Geheimdienstes sitzen, wird alles undurchsichtiger und unberechenbarer. Wir wissen nie, wo unser Geld landet und welche Vermittler etwas ausrichten können.»

Sammelgräber

Scheich Ahmad Dschalal, der während des Massakers von Daraya festgenommene Onkel und Imam, ist nicht freigekommen. Zwei Monate nach seiner Verhaftung ist er gestorben. Sein Foto findet sich unter den Kopien Caesars, die ins Netz gestellt wurden. Der Mann trägt die Kennziffer 3026 und die Aufschrift «Dschawiya» auf der Stirn. Am 1. November 2012 hat der Rechtsmediziner seine Akte unter der Nummer 2409 abgelegt. Wie Ahmad Dschalal, so wurde auch die Leiche Khalids unter den Hangar des Krankenhauses 601 von Mezze geworfen. Ein Lebensende, das im ärztlichen Bericht unter der Nummer 3217 verzeichnet ist, im Januar 2013. Zu diesem Zeitpunkt war Khalids ganze Familie nach dem Massaker von Daraya in jenem Übergangsquartier untergekommen. Sie wohnten keine 500 Meter vom Krankenhaus entfernt.

Der Leichnam Khalids war da, nur ein paar Minuten zu Fuß von ihrer Unterkunft entfernt, bevor er in ein Sammelgrab geworfen wurde. Aber wie bei Tausenden von Zivilisten, die man in den Hafteinrichtungen ermordet hat, war das «Begräbnis» von Khalid von Amts wegen angeordnet und aktenkundig. Wie das von Y. M., dessen Bestattungsbefehl wie folgt lautet (Originaldokument siehe Anhang):

Streng vertraulich

Arabische Republik Syrien
Generalkommando der Armee und der Streitkräfte
Nachrichtendivision – Abteilung 227

Nummer: xxxx/5T
Datum: xx/xx/2013

An die Militärpolizei von Damaskus

Untersuchung der verhafteten Person Y. M., Vorname der Mutter B., wohnhaft im Viertel S. gegenüber dem Rathaus.

Nachdem sich ihr Gesundheitszustand verschlechtert hatte, wurde die besagte Person am xx/xx/2013 als Notfall in das Militärkrankenhaus 601 eingeliefert.

*Die besagte Person ist infolge eines Herz- und Atemstillstands
verschieden. Ihr Leichnam wurde im Kühlraum des besagten
Krankenhauses unter der Nr. x/xxxx aufbewahrt.*

*Der Leichnam ist an einem bekannten Ort in Zusammenarbeit mit
der für Bestattungen zuständigen Dienststelle zu begraben, laut
Anordnung des Büros für Nationale Sicherheit, wie sie Ihnen in
Datei Nr. xxxxx/xxx/x der Abteilung 248 vom xx/xx/2013 zur
Kenntnisnahme zugegangen ist.*

*Anhang: ein frankierter Umschlag mit rotem Siegel, in dem sich
der Ausweis des Beschuldigten befindet.*

Kopien an:
Abteilung 291/B, bezugnehmend auf Brief Nr. xxxxx
*Abteilung 248, bezugnehmend auf oben genannten Brief der
Abteilung 291/B*
*Abteilung 294, bezugnehmend auf oben genannten Brief der
Abteilung 291/B*

Anzahl der Kopien: 5

Leiter der Nachrichtendienst-Division
Per Procura
Leiter der Abteilung 227

Wo hat man Khalid begraben? Auf dem «Märtyrerfried-
hof» von Nadschha? Auf dem «Südfriedhof» von Bahda-
liya? Zwei Friedhöfe in den südlichen Außenbezirken von
Damaskus, auf denen Sammelgräber vermutet werden. In
Zusammenarbeit mit Human Rights Watch hat die syrische Menschenrechtsorganisation Violations Documentation Center in ihrem Bericht vom September 2013 über
die Abteilung 215 des Militärgeheimdienstes belastende
Satellitenfotos veröffentlicht: Ankunft von Kühllastern,

Aushubarbeiten mit Baggern, Spuren von Sandhaufen und von Kalk, der Leichen zersetzt ...

Die Zeugenaussagen, die vom Violations Documentation Center zusammengetragen wurden,[7] belegen auch, dass an einem Tag zwischen Ende September und Anfang Oktober 2012 zwei Laster auf dem Friedhof von Naijha eintrafen. Hunderte von Leichen sollen dort begraben worden sein. Die Sicherheitskräfte hatten zwar die Zufahrt zum Friedhof durch Straßensperren blockiert, aber die Augenzeugen waren schon vor Ort.

8

Lebend hinauskommen, eine Pflicht

Caesar «Wir wollten die Fotos hinausschmuggeln, damit die Familien der Toten wissen, dass ihre Angehörigen gestorben sind. Die Leute mussten erfahren, was in den Gefängnissen und Hafteinrichtungen vor sich geht. Denn eines steht fest: Das Regime wird alles tun, um die Beweise verschwinden zu lassen, falls Baschar al-Assad gestürzt wird.

Warum das Regime diese Fotos aufbewahrt? Das habe ich mich oft gefragt. Warum beschreiben sie die Leichen und archivieren ihre Fotos? Ich bin ein einfacher Mann, kein Politiker. Ich kann Ihnen nur eine einfache Antwort geben. Die verschiedenen Sicherheitsdienste innerhalb des syrischen Geheimdienstapparats stimmen sich nicht ab. Der eine weiß nicht, was der andere tut. Jeder verfährt, wie es ihm passt, und arbeitet im eigenen Interesse. Die Militärjustiz, die Sicherheitsdienste ...

Beweise für Unfälle und Todesfälle von Soldaten werden schon seit fünfzig Jahren von der Militärpolizei für die Militärjustiz archiviert. Das Regime dokumentiert alles, um nichts zu vergessen. Also dokumentiert es auch diese Todesfälle. Die Fotos helfen den Richtern und den Ermittlern. Sie vervollständigen die Akten, und die Richter können darauf zugreifen, falls sie einen Fall irgendwann wieder aufrollen müssen. Und seit Beginn der Revolution hat man mit dieser Routine weitergemacht, ganz einfach. Dass diese Routine sich eines Tages gegen es selbst wenden könnte, davon lässt sich das Regime nichts träumen.

Die Sicherheitsdienste leben in dem unerschütterlichen Gefühl der völligen Straffreiheit ihres Tuns. Dass man sie eines Tages für ihren Machtmissbrauch zur Rechenschaft ziehen könnte, kommt ihnen keinen Augenblick in den Sinn. Sie wissen, wie einflussreich die Kräfte sind, die das Regime stützen. Es wäre ihnen auch im Traum nicht eingefallen, dass diese Fotos nach außen getragen und der Welt gezeigt werden könnten.

Tatsächlich frage ich mich, ob die Verantwortlichen der Sicherheitsdienste nicht dümmer sind, als man denkt. Während sie damit beschäftigt sind, Demonstranten niederzuhalten, das Volk auszuplündern und zu morden, haben sie vergessen, dass ihre Taten dokumentiert werden. Denken Sie nur an die Giftgasangriffe auf die Ghuta-Ebene. Die Verantwortlichen wussten, dass es handfeste Beweise dafür geben würde. Sie haben die Region trotzdem ins Visier genommen.

Warum sie letztendlich diese zu Tode gefolterten Körper fotografieren – das ist eine Frage, auf die nur das Regime eine genaue Antwort geben könnte. Und ich bin mir sicher, dass sie damit weitermachen, trotz der Fotos, die ich hinausgeschmuggelt habe.

Wie ich mir auch sicher bin, dass die Mitglieder des Regimes weiterhin glauben, die Demonstranten und die Rebellen der Freien Syrischen Armee seien ‹Terroristen›, die von Agenten aus dem Ausland gelenkt werden und das Land zerstören. Als die Revolution ausbrach, dachte die Mehrheit der Soldaten so. Inzwischen ist natürlich vielen klar geworden, dass das nicht stimmt, aber es ist bereits so viel Blut vergossen worden.

Ich erinnere mich, wie das Regime Dschihadisten freigelassen hat, die im Irak gegen die Amerikaner gekämpft hatten. Bei ihrer Rückkehr nach Syrien waren sie verhaftet worden. In unserer Abteilung waren alle davon überrascht. Warum tut das Regime so etwas?

Ich habe nicht persönlich mit diesen Dschihadisten gesprochen, aber sie sind durch das Hauptquartier der Militärpolizei hindurchgegangen. Gefangene, die aus der Haft entlassen werden sollen, etwa im Rahmen einer Amnestie, werden an uns überstellt. Die Militärgeheimdienste und das Innenministerium schicken einen Befehl an die Militärpolizei und die Zivilpolizei.

Die Häftlinge kommen bei uns in vergitterten Lastwagen an. Sie werden auf dem Hof zusammengetrieben und bleiben zwischen 24 und 48 Stunden im Gefängnis der Militärpolizei, bevor sie einem Richter vorgeführt werden, der sie entlässt.

Die Polizisten, die seinerzeit mit der Überwachung der Dschihadisten betraut waren, unterhielten sich miteinander. Sie fragten sich, wie das Regime Männer freilassen konnte, die im Irak gekämpft hatten. Sie verstanden nicht, warum es das tat.

Während der zwei Jahre, die ich heimlich diese Dokumente kopierte, hatte ich Angst um meine Familie und um mich. Ich hatte einen Weg eingeschlagen, auf dem ich nicht mehr zurückkonnte. Ich musste zu Ende bringen, was ich begonnen hatte. Ich wusste, dass ich eines Tages mit dieser Arbeit aufhören würde, aber ich wusste nicht, wann. Ich schob diesen Moment auf. Aber irgendwann musste es sein, irgendwann musste ich weg.

Eines Tages fühlte ich, dass ich in größerer Gefahr schwebte als zuvor. Die Entscheidung, mich außer Landes zu bringen, wurde getroffen. Das war hart. Ich war unruhig, bis es so weit war. Aber wir hatten unser Haus und unsere Sachen bereits verloren und lebten schon seit Monaten bei einer Bekanntschaft, die uns Unterschlupf gewährte.

Nie hätte ich gedacht, dass ich meine Heimat würde verlassen müssen. Vor der Revolution führten wir ein einfaches, bescheidenes Leben, von Tag zu Tag, ohne großen Ehrgeiz. Wir hatten nie die schönen Landschaften Syriens gesehen, weil uns dazu Zeit und Geld fehlten. In meinem ganzen Leben war ich zweimal im Kino. Ich war nie ins Ausland gereist. Ich hatte keinen Reisepass. Weder den Wehrpflichtigen während ihres Dienstes noch den Soldaten und den Geheimdienstmitarbeitern ist es erlaubt zu reisen.

In der Generation meiner Eltern hat das Volk unter der Herrschaft von Hafiz al-Assad, dann unter der seines Sohnes gelebt. Ohne Erlaubnis der Sicherheitsdienste ging nichts. Für alle Belange des täglichen Lebens, für Heirat, Scheidung, Reisen, selbst für den Namen eines Kindes, brauchte man eine Genehmigung. Die Syrer gewöhnten sich daran, mit diesem Unrecht zu leben. Es wurde ihr täglich Brot. Sie litten darunter. Doch wenn der Schmerz überhandnimmt, lernt der Mensch, mit ihm zu leben.

Eines Morgens war ich im Büro. Ich schlief dort, weil wir zu wenige waren. Wir waren nicht mehr befugt, nach Hause zu gehen. Ich hatte eine Aufgabe im Außendienst zu erledigen, die es erforderlich machte, die Straßensperren in Damaskus und seinen Außenbezirken zu passieren. Das war der Moment, in dem ich mich absetzen sollte. Aufbrechen und nicht mehr zurückkommen.

Als ich aus dem Gebäude der Militärpolizei trat, war ich traurig und glücklich zugleich. Traurig, Freunde zurückzulassen, mit denen ich lange zusammengearbeitet hatte. Traurig, ins Unbekannte aufbrechen zu müssen. Aber glücklich, dem täglichen Druck zu entkommen, den es bedeutete, die Leichen fotografieren und das Risiko eingehen zu müssen, verhaftet zu werden. Wir wussten nie, was uns am nächsten Tag erwartete.

Als ich die Schranke der Militäranlage hinter mir gelassen hatte, dachte ich nicht an meine Eltern. Ich dachte bloß daran, mich in Sicherheit zu bringen. Wie konnte ich es heil und unversehrt bis zur Grenze schaffen? Meine Angst war zu groß. Ein wenig beruhigt war ich nur wegen des Auftrags, den ich zu erledigen hatte und der es mir erlaubte, mich relativ frei zu bewegen und die Straßensperren in Damaskus und der Umgebung zu passieren.

Ich traf mich an einer Bushaltestelle mit einem Mitglied der Opposition. Man hatte ihn mir beschrieben, und er wusste seinerseits, wie ich in etwa aussah. Für den Notfall hatte jeder die Telefonnummer des anderen, auch wenn mein Telefon abgehört wurde. Dieses Treffen war gefährlich. Ich hatte Angst, er könnte mich verraten. Und er hatte Angst, ich könnte ein Spion sein und immer noch für das Regime arbeiten. Glücklicherweise war ich mit den Örtlichkeiten vertraut, das hat mich beruhigt. Wir haben uns erkannt. Ohne viel zu sagen, sind wir in sein Auto gestiegen und davongefahren.

Er hat mich überrascht, da er offenbar alle Welt kannte. Wir haben mehrere Straßensperren passiert, ohne uns ausweisen zu müssen. Dann sind wir auf eine steinige, kaum befahrene Nebenstraße eingebogen, um aus Damaskus hinauszukommen. Nach etwa fünfzig Kilometern hat er mich einer zweiten Person übergeben. Die mich ihrerseits an jemand anderen übergab, den ich nicht kannte. Ungefähr alle fünfzig Kilometer wechselte ich den Fluchthelfer. Anders kann man sich in Syrien heute nicht frei bewegen. Es braucht Leute, die sich in ihrer Ecke auskennen und wissen, welche Straßen und Wege nicht überwacht werden, um die Straßensperren zu umgehen. Aber Auto und Fluchthelfer zu wechseln, war jedes Mal unheimlich. ‹Wird der da mich verraten? Und was ist mit ihm? Bin ich in guten Händen?›

Auf der Straße, in einer von den Rebellen kontrollierten Gegend, mag man sich sicher fühlen, aber es lungern überall Informanten des Regimes herum. Die Reise dauerte mehrere Tage. Wir fuhren durch bombardiertes Gebiet.

Schließlich habe ich die Südgrenze erreicht. Dort bin ich eine Zeit lang geblieben und habe bei einem Verbindungsmann gewohnt, in seiner Familie, mit seiner Frau und den Kindern. Sie wussten, dass ich ein Deserteur bin, aber nicht, was ich getan hatte. Diese Region, die vom Regime belagert wird, ist dafür bekannt, Deserteuren zu helfen.

Ich musste den geeigneten Moment abwarten, um illegal über die Grenze zu kommen. Nach ein paar Tagen begann ich mich im Haus zu langweilen. Ich bin raus und habe Hilfsorganisationen gesehen, die der Zivilbevölkerung halfen, indem sie Lebensmittel verteilten. Mehl, Milch. Das war ein Hilfsprogramm von arabischen und westlichen Staaten. Eines Tages schlug genau zur Stunde der Nahrungsausgabe zwanzig Meter von uns entfernt eine Mörsergranate ein. Das konnte kein Zufall sein. Die Armee hat überall ihre Informanten.

Mit der Zeit wurde ich in den Kreis der Familie aufgenommen. Aber ich kam mir vor wie eine Last. Die Familie war groß und das Essen war knapp. Die Großmutter hat das Brot selbst gebacken, da die Bäckerei vom Regime zerstört worden war.

Hier habe ich erlebt, wie es ist, in einer belagerten Region mit dem Hunger zu leben. In Damaskus, in den vom Regime kontrollierten Gebieten, gab es Brot, und man konnte sich etwas zu essen kaufen. Man machte sich nicht klar, dass ein Teil der syrischen Bevölkerung Hunger litt. Hier dagegen standen die Menschen stundenlang Schlange, um eine kleine Tüte mit Lebensmitteln zu ergattern. Nie hätte ich gedacht, dass ich das erleben würde.

Tagsüber bin ich manchmal raus, in die umliegenden Gärten. Es gab dort noch Obstgärten. Ich habe Trauben gepflückt. Die Bewohner dieser Gegend sind großzügig. Zu weit durfte ich mich nicht entfernen. Eines Abends kam der Familienvater nach Hause und hat mich nicht angetroffen. Als ich zurück war, regte er sich furchtbar auf. Er hatte Angst gehabt, ich könnte den falschen Leuten, Informanten des Regimes oder bewaffneten Extremistengruppen, in die Hände gefallen sein.

Die Grenze habe ich in einem Auto versteckt passiert. Als ich im Nachbarland ankam, habe ich mehrere Familienmitglieder wiedergetroffen. Ich war froh, sie zu sehen und in Sicherheit zu wissen. Aber wir konnten nicht unbesorgt sein in einem Land, das von Spionen wimmelte. Mehrere Deserteure waren dort ermordet worden. Wir achteten darauf, uns nicht unter die vielen anderen Syrer zu mischen, die dorthin geflohen waren.

Mehrere Monate sind wir geblieben, um dann nach Europa zu fliehen. Ich hatte Angst vor der Zukunft, ich war unruhig. Als Sami das Land verließ, freuten sich seine Kinder, dass sie fliegen durften. Und als das Flugzeug landete und die Tür zur Gangway aufging, stürmten sie fröhlich hinaus: Kinder wissen nicht, was sie erwartet.»

Sami, Abu Khalid Caesar kann nicht erzählen, wie er beschützt wurde. Es sind Rebellen der Freien Syrischen Armee, die in diesem Frühsommer heimlich über ihn wachen. Ohne dass er davon weiß, verfolgen die Kämpfer seit Monaten aus gebührender Entfernung jede seiner Bewegungen. Ihr Kommandant ist Abu Khalid, ein kleiner, schmächtiger Mann, der nicht besonders gesprächig ist. Wie Abu al-Laith, der Überlebende aus der Abteilung 227 des Militärgeheimdienstes, kommt Abu Khalid aus dem Qalamun.

Zweimal schon haben Abu Khalid und seine Gruppe Informanten verloren. Enttarnt vom Regime, bevor sie die in den Militärkrankenhäusern von Mezze und Tischrin gesammelten Tatbeweise herausschmuggeln konnten.

Zwei Jahre ist es bereits her, dass die Revolution ausgebrochen und das Land im Krieg versunken ist. Die Landkarte Syriens gleicht einem Leopardenfell: Flecken, die vom Regime, und Flecken, die von der Opposition kontrolliert werden, die dort eine neue Verwaltung aufzubauen versucht – wie im Norden, nahe der türkischen Grenze. Manche Frontlinien stabilisieren sich. Andere sind in Bewegung. Auf normalem Wege von einer Stadt in die andere zu gelangen, ist unmöglich geworden. Man muss nicht allein wissen, wo die Straßensperren des Gegners liegen, sondern auch Wege und Pfade kennen, auf denen sie sich umgehen lassen, selbst wenn man mehrere Stunden unterwegs ist – oder mehrere Tage.

153

Die Dschihadisten von Daesch, dem sogenannten Islamischen Staat, treten in Syrien im Frühjahr 2013 auf den Plan. Nach und nach erobern sie von den Rebellen der Freien Syrischen Armee Territorien im Nordosten des Landes, wobei sie mehr daran interessiert sind, die Opposition zu bekämpfen als das Regime. Das Regime hat seinerseits größeres Interesse daran, die militärischen Stellungen der FSA anzugreifen, die eine politisch gemäßigte Alternative zum Regime Baschar al-Assads darstellen könnte, als die von Daesch. Daesch und das Regime sind «objektive Verbündete» im Kampf gegen eine demokratische Alternative.

Caesar außer Landes zu bringen, wird immer dringlicher. Die Nerven des Fotografen liegen bloß, weil er nicht nur dauerhaft zwischen den Fronten sitzt, sondern auch von Schuldgefühlen geplagt wird. Trotz allem glaubt er, an den Massakern des Regimes noch beteiligt zu sein. Mehrmals hat er schon abbrechen wollen, mehrmals hat man ihn davon überzeugt, dass er weitermachen muss. Er allein kann die Beweise aus dem Innersten des Regimes sammeln. Sein Freund Sami steht in Kontakt mit einem Aktivisten der gemäßigten und friedlichen Opposition, der die entwendeten Fotos abholt und in verschlüsselten Mails ins Ausland schickt. Tausende sind auf diese Weise schon gesammelt und weitergeleitet worden. Soll man weitermachen, auf die Gefahr hin, dass Caesar entdeckt wird, der doch der Kronzeuge für die Todesmaschinerie Baschar al-Assads ist?

Mitten im Alltag des Krieges und im Fortgang der Operation ist nicht unbedingt klar, welche Sprengkraft Caesars Akte besitzt. Um sie sich zu vergegenwärtigen, muss man sich Zeit nehmen und die Bilder aus der Nähe betrachten, langsam, eines nach dem anderen, muss sich vor Augen führen, dass es Syrer, Soldaten des Regimes sind, mit einem Lächeln auf ihren jugendlichen Gesichtern und Chirurgenhandschuhen an den Händen, die da fröhlich vor den Leichen anderer Syrer hocken. Und erschüttert innehalten, wenn man auf das Foto eines Nachbarn, eines Cousins stößt.

Sami hat diesen Schmerz kennengelernt. Er weiß, was er bewirkt. Er beschließt, Abu Khalid ein Foto zu schicken, das er auf der Festplatte entdeckt hat, von einem Freund des Kommandanten, einem vom Regime inhaftierten Mediziner. In Syrien wird in diesen Zeiten des Krieges das gesamte Pflegepersonal verfolgt, weil es sich um Verwundete kümmert, wer immer sie sein mögen – friedliche Demonstranten, bewaffnete Aufständische, Bewohner der von der Opposition gehaltenen Viertel, manchmal sogar Milizionäre des Regimes. Darum betrachten die Machthaber die Pflegekräfte als «Terroristen». Die UOSSM (Union des organisations syriennes de secours médicaux) verfügt über eine Liste von 292 Ärzten, die seit Mai 2011 getötet worden sind.

Seit den ersten Revolutionsmonaten waren die öffentlichen Krankenhäuser nicht mehr sicher. Aktivisten wurden dort grundlos die Hände amputiert, nur leicht verwundete Demonstranten ließ man sterben. Um die Zivilbevölkerung medizinisch zu versorgen, begannen die Chirurgen, im Untergrund tätig zu werden, operierten in

Küchen, Kellern und Zimmern ohne Hygiene, in denen es an allem fehlte, an Anästhesisten, Desinfektionsmitteln, Klemmen, Skalpellen …

Wie die Aktivisten oder bewaffneten Rebellen haben viele Pflegekräfte falsche Namen angenommen, um sich und ihre Familien zu schützen. In den von der Opposition gehaltenen Gebieten sind die Krankenhäuser ein bevorzugtes Ziel der Granaten und Raketen des Regimes.

Arzt oder Ärztin, Krankenschwester oder Pfleger zu sein, ist heute in Syrien gerade so gefährlich, wie mit einer Kalaschnikow dem Feind gegenüberzutreten.

Sami weiß also genau, was er tut, als er Abu Khalid per Mail das Foto vom Leichnam jenes Arztes schickt. Der Mann war an einer Straßensperre der Regierungstruppen kontrolliert worden, als er sich auf dem Weg zu dem Kommandanten der Freien Syrischen Armee befand. Das Foto des zu Tode gefolterten Arztes, mit geschwollenem Gesicht und zerschlagenem Körper, ist auf dem Dienstweg in den Archiven der Militärpolizei gelandet, dann, via Caesar, auf der Festplatte von Sami. Und schließlich auf dem Rechner von Abu Khalid. Ein Schock.

Am nächsten Morgen nimmt Sami den Weg zum Familienbauernhof Abu Khalids auf den Höhen des Qalamun-Gebirges. Einsam im Dschabal gelegen und über mehreren Hügeln thronend, bietet der Hof einen natürlichen Schutz gegen Angreifer. Dort sprechen die beiden Männer lange miteinander. «Man musste Caesar unbedingt helfen zu desertieren», erzählt Abu Khalid heute. «Er musste lebend das Land verlassen, seine Fotos mussten der Welt gezeigt werden.»

Abu Khalid organisiert die Ausschleusung des namenlosen Helden. In einem Auto versteckt wird Caesar über die Grenze gebracht. Die Zehntausenden von Dokumenten sind auf zwei Festplatten gespeichert. Die eine, mit Kopien der Fotos, die in niedriger Auflösung per Mail versendet wurden, ist schon im Ausland. Die andere, mit den Originalaufnahmen in hoher Auflösung, ist noch in Syrien. Abu Khalid wird schwarz über die libanesische Grenze in den Bergen gehen, um sie außer Landes zu bringen, bevor er sie Sami in Beirut zurückgibt.

Die Enthüllung steht kurz bevor, die Gerechtigkeit wird ihren Lauf nehmen.

Die Akte publik machen

Hasan Schalabi Mehrere Wochen nach ihrer Ausreise überleben Caesar, Sami und seine Familie in einem Nachbarland Syriens als Flüchtlinge in einer Wohnung, die man ihnen zur Verfügung gestellt hat.

Hasan Schalabi, ein Oppositioneller, der schon lange Jahre gegen Baschar al-Assad kämpft, betritt das kleine, schlecht beleuchtete und an diesem Winteranfang eiskalte Zimmer – die Heizung läuft auf Sparflamme. Im Halbschatten schließt er Caesar lange in seine Arme. Für diesen Syrer, Generalsekretär der Syrischen Nationalbewegung, der für den friedlichen Sturz des Regimes kämpft, ist das, was der Deserteur vollbracht hat, eine unverhoffte Chance. 2011 von Hochschullehrern und Wissenschaftlern ins Leben gerufen, hat sich die gemäßigt islamistische Syrische Nationalbewegung der Freiheit und Demokratie, der sozialen Gerechtigkeit und Gleichheit verschrieben, Werten, die sie in einer spezifischen Färbung durch islamische Prinzipien vertritt.

In diesem Winter sprechen im Westen Staatsführer und öffentliche Meinung nur noch von einem, von «Dschihadisten», «Terroristen» und dem «Islamischen Staat». Zehn ausländische Journalisten sind im Norden Syriens, in den «befreiten» Gebieten, von den Mördern des sogenannten Islamischen Staats entführt worden.

«Die Welt warf die wirklichen Revolutionäre und die Dschihadisten in einen Topf», erklärt Hasan Schalabi. «Und man vergaß den Staatsterrorismus, der am Ursprung des Ganzen stand und weiterging.» An jenem Tag hält er mit Caesars Fotografien das Material in Händen, das diesen Staatsterrorismus belegt. Die Beweise sprechen für sich. Und sie werden den Krieg, so glaubt er, von der militärischen Ebene, auf der kein Lager die Oberhand gewinnen kann, auf die Ebene des Rechts und namentlich der internationalen Gerichtshöfe verlagern.

Hasan Schalabi hat von der Akte auf dem Umweg über jenen Freund Samis erfahren, den er seit seiner Kindheit kennt. Und seit seiner Kindheit kann dieser 42-jährige Islamwissenschaftler und diplomierte Manager es nicht ertragen, wenn Familien nicht wissen, wo das Regime einen der Ihren festhält. Ein Drama, das seine eigene Familie erleben musste.

Es war ein Freitag im Dezember 1980. Im Familienwagen zanken sich die Kinder. Sie sind zu siebt, die Größte ist acht, Hasan, der älteste Junge, ist sieben Jahre alt.

Sie kommen aus der Stadt al-Tall, wo sie wohnen, und

wollen in Barza, im Westen der Hauptstadt, ihren Onkel väterlicherseits besuchen. Der blaue Honda wird vor dem Haus des Onkels geparkt. Die kleine Meute drängt aus dem Auto, mit dem Baby auf dem Arm treibt die Mutter sie an. Der Vater ist schon hinter dem Steuer hervorgekommen und wartet vor dem Auto.

«Salam alaikum. Dürfen wir dich etwas fragen, mein Bruder?» Zwei Männer in Zivil, mit dunkelgrauen Hosen und braunen Pullovern, richten das Wort an den Vater, Abu Hasan (arabisch für «der Vater von Hasan», ein liebevoller Kosename, mit dem die Araber häufig ihre Eltern ansprechen). Der Vater geht auf sie zu. Eine rasche Bewegung, und schon haben sie ihm eine Kapuze übergezogen, schlagen ihn mit einem Knüppel und werfen ihn in einen Jeep, der in einiger Entfernung geparkt hatte und gestartet ist.

«Abu Hasan raha!» Die Mutter schreit, sie heult. Ihr Mann ist «gegangen», er ist «weg», ein Ausdruck, den die Syrer in jenen 1980er Jahren benutzten, in denen so viele von ihnen in den Tiefen des Geheimdienstapparats verschwanden. Die Passanten auf der Straße sind starr vor Schreck. Keiner wagt es, sich zu nähern, um sie zu trösten.

«Hasan», schreit die Mutter, «geh deinen Onkel holen!» Der Onkel drückt sich unmissverständlich aus: «Ihr werdet darüber mit niemandem sprechen, niemals. Man darf nicht wissen, dass er verhaftet wurde.» Dann schiebt er alle ins Haus. Und er ist Offizier bei der Armee! Wenn er ihnen befiehlt zu schweigen, wer soll ihnen dann noch helfen?

In diesen Wochen der Verzweiflung fleht die Familie den Onkel an, Erkundigungen einzuholen. Er habe es versucht, sagt er, ohne Erfolg. Der kleine Hasan, der all die Diskussionen mit seinen gerade mal sieben Jahren mitanhört, hat Angst. Wenn sogar dieser Offizier die Sicherheitsdienste fürchtet, ja, dann ist sein Vater verloren.

34 Jahre später wird den Offizier, der Großvater geworden ist, die Geschichte einholen. Sein eigener Sohn wird verhaftet und zu Tode gefoltert, um die Familie für den politischen Aktivismus Hasans zu bestrafen, der aus dem Land geflohen ist und sich für die Akte Caesar einsetzt. Die Frau des Sohns wird hingehen und die Herausgabe seines Leichnams fordern, um ihn zu begraben. Die Antwort duldet keinen Widerspruch: «Wir haben ihn selbst begraben.» Keine sterblichen Überreste also, aber eine Erklärung, die sie unterzeichnen muss, in der steht, ihr Mann sei während eines Verhörs an «Herzstillstand» gestorben. Mit dem Papier kann sie sie sich eine Sterbeurkunde ausstellen lassen, die es der Ehefrau erlaubt, Erbangelegenheiten zu regeln. Das ist alles. Kein Abschied, kein Grab, an dem man seiner gedenken könnte.

Damals auf der Straße, an jenem Freitag im Dezember 1980, hat auch der junge Hasan sich von seinem Vater nicht verabschieden können. Nachdem die kindlichen Tränen getrocknet sind, tut sich eine unendliche Leere auf, zu der sich jene stille Wut über die Resignation seiner Mutter gesellen soll, die er in den Dienst der Familien von Verschwundenen stellen wird.

«Ich verstand es nicht», erinnert sich Hasan Schalabi heute. «Mein Vater war ein sehr beliebter Professor für Islamwissenschaften. Er war ein gläubiger Mann, der anderen viel geholfen hat. Die Muslimbrüder mochte er nicht, da er den Islam nicht politisieren wollte, aber er war wie sie ein Gegner des Regimes.»

Abu Hasan wird ins Straflager von Palmyra eingeliefert. Wie Tausende von politischen Gefangenen. Während der drei Monate bis zu seiner Entlassung wird die Familie keinerlei Nachricht von ihm haben. Am Tag nach seiner Entlassung schickt der Vater sie alle nach Saudi-Arabien. «Er hatte begriffen, dass sie ihn nur freigelassen hatten, um ihn besser zu überwachen, vor allem dann, wenn er Kontakt mit Freunden aus der Opposition aufnahm», erzählt sein Sohn. «Mein Vater verließ heimlich das Land und ging nach Saudi-Arabien, wo wir auf ihn warteten. Ich bin dort aufgewachsen und habe erst mit 24 Jahren wieder einen Fuß nach Syrien gesetzt.»

Verheiratet mit einer Syrerin, die wie er aus al-Tall kommt, zieht Hasan nach Damaskus. Seither wird er von seiner Obsession angetrieben: den Familien von Gefangenen beizustehen, die herausfinden wollen, wo und wie man ihre Angehörigen festhält. Ihnen die Hand zu reichen, sie nicht im Ungewissen zu lassen, wie er es mit sieben Jahren erleben musste, allein mit seiner Familie, nicht beachtet, ohnmächtig vor der Mauer des Schweigens der Behörden.

Ende der 1990er Jahre begegnet Hasan Imad ad-Din

al-Rashid, einem Professor seiner Frau, die ihr Studium fortsetzt. Er lehrt Islamwissenschaften an der Fakultät für Scharia in Damaskus, deren Vizedekan er wird. Die beiden Männer lernen sich schätzen.

Wie Hasan ist Imad in einer Familie aufgewachsen, die von der Idee sozialer Gerechtigkeit und muslimischen Werten durchdrungen ist. Und auch ihn hat seine Jugend entscheidend geprägt. Der Vater ist Beamter im Bildungsministerium, er raucht und politisiert gern vor seinen sieben Kindern, den Mädchen wie den Jungen. Aber von seinen Reden darf nichts nach außen dringen, um nicht den Verdacht des Regimes zu wecken, das ihn verhaften könnte. Die Diskussionen am Tisch schärfen Imads Blick und bereiten sein künftiges politisches Engagement vor.

Als Hama im Februar 1982 von der Armee verwüstet wird, ist Imad in der letzten Klasse. 38 Tage nach dem Massaker beschließt der Gymnasiast, ohne es irgendjemandem mitzuteilen, in die Stadt zu fahren. Die Behörden haben für jeden, der sich «ohne Grund» dorthin begibt, den Zugang verboten. Sein Vater weiß noch heute nichts von dieser Unternehmung. Imad kauft also ein Ticket nach Aleppo. Die Buslinie führt über Hama.

Als der Bus durch die Märtyrerstadt fährt, erstarren die Reisenden beim Anblick der Zerstörungen. Der Mann neben Imad zieht die Kufiya, die er um den Kopf gewickelt hat, über sein Gesicht. Und weint. «Wie ein Kind», sagt Imad heute. «Er konnte gar nicht mehr aufhören, eine ganze Stunde. Niemand im Bus wagte zu sprechen. Wir haben unseren Schmerz durch unsere Tränen miteinander geteilt.» Der charismatische Mann, dessen Sanftmut so beruhigend wirkt, ist niemand, der sich seiner Tränen schämt.

Über lange Jahre der Diktatur und der Repression hinweg werden Hasan und Imad nach ihrer Begegnung Seite an Seite marschieren, und gemeinsam werden sie auch die Syrische Nationalbewegung ins Leben rufen.

Unter dem Schirm der religiös inspirierten Syrischen Nationalbewegung sind verschiedene Gruppierungen ganz unterschiedlicher, islamistischer wie laizistischer Ausrichtung vereint. Anders als die syrischen Muslimbrüder, die sie als Rivalen betrachten, sind die Führer der Nationalbewegung mit den Realitäten des Landes sehr gut vertraut. Ein Teil des Führungsstabes ist noch immer in Syrien. Andere, die wie Hasan und Imad im Exil sind, haben bis vor Kurzem noch dort gelebt. Gemeinsam werden die beiden Männer, die auch privat verbunden sind, nachdem die Tochter des einen den Sohn des anderen geheiratet hat, die Akte Caesar der internationalen Gemeinschaft zur Kenntnis bringen.

Vor dem Exil hatte ihre tägliche Arbeit darin bestanden, den Familien von Gefangenen beizustehen. Wenn Hasan in seinem Viertel erfuhr, dass jemand verschwunden war, erkundigte er sich diskret bei Bekannten oder vertrauenswürdigen Nachbarn. «Kennst du jemanden, der uns Auskünfte über Soundso geben könnte? Oder irgendwen, der uns Informationen über diese Hafteinrichtung beschaffen könnte?» Die zähe Arbeit im Untergrund, durch die sie Listen von «Verschwundenen» führen konnten, war auch eine riskante Wette darauf, nicht «an den Falschen zu geraten». Ständig mussten sie auf der Hut sein und mit äußerster Vorsicht zu Werke gehen.

Bevor man ein Mitglied des Regimes traf, musste man herausfinden, wie es dachte und welcher Art seine Loyalität gegenüber dem Regime war: «Während der Herrschaft des Vaters, Hafiz», erläutert Hasan Schalabi heute, «hielt es die Mehrheit der Beamten und Geheimdienstler aus ideologischen Gründen mit dem Regime. Unter dem Sohn, Baschar, wollen viele bloß noch gut verdienen. Leute dieses Schlags sind leichter zu kaufen, wenn man an Informationen kommen will. Aber man darf sich nicht täuschen. Wer einen Getreuen zu bestechen versucht, findet sich leicht in der Gesellschaft des Häftlings wieder, den er befreien wollte!»

Mehrfach ist es Hasan gelungen, Gefangene mit Unterstützung reicher Syrer im Ausland freizukaufen.

Die Welt muss es erfahren

«Imad, du musst herkommen. Ich kann am Telefon nicht darüber sprechen.» In diesem Spätherbst 2013, als er in seiner Gesamtheit vor Augen hat, was man fortan «die Akte Caesar» nennen wird, erkennt Hasan Schalabi, welche Tragweite diese Fotos haben. Bis dahin hat er nur ein paar Kopien zu Gesicht bekommen. Jetzt, da Tausende von ihnen beisammen sind, gewinnen diese Dokumente ein ganz anderes Gewicht. Nach einer «von Albträumen erfüllten Nacht» beschließt Hasan, die ganze Akte seinem Weggefährten Imad ad-Din al-Rashid zu zeigen. Seit Monaten engagieren sich die beiden Kämpfer der Syrischen Nationalbewegung in der friedlichen Opposition gegen das Regime. Unter anderem haben sie im September 2011 an der Gründung des Syrischen Nationalrats mitgewirkt, der ersten politischen Vertretung der Oppositionskräfte, die gegen das Regime Baschar al-Assads kämpfen.

Imad ad-Din al-Rashid sucht Hasan in einem Nachbarland Syriens auf. Er weiß, dass es Fotos von den Häftlingen gibt, die in den Hafteinrichtungen gestorben sind. Einer seiner Freunde, ein Geschäftsmann, hat ihm erzählt, wie er gegen ein Entgelt von 600 000 Syrischen Pfund (4000 Euro) den Beweis für den Tod seines Bruders und seines Cousins in Augenschein nehmen durfte. In den Büros der Militärpolizei hatte er auf Fotos, die ein Offizier ihm vorlegte, die beiden Leichen mit ihren Nummern erkannt. Der Geschäftsmann hat Imad darüber berichtet und gefordert, die Opposition müsse sich der Sache annehmen. Aber der politische Aktivist konnte damals nicht wirklich abschätzen, womit er es zu tun hatte.

Welches Ausmaß die Sache hat, geht auch ihm erst auf, als ihm sämtliche Aufnahmen vorliegen. «Ich hatte schon Gefangene sterben sehen, als ich selbst in den 1980er Jahren inhaftiert und gefoltert worden war. Aber so etwas hatte ich noch nie gesehen. Das war organisiertes, systematisches Abschlachten.» Eine Woche lang kann Imad nicht schlafen. Die Schatten der toten Körper ziehen nachts an seinem inneren Auge vorbei. Nur wenn er das Licht anmacht, findet er etwas Ruhe.

Diese Akte ist eine Bombe. Soll man sie einer Menschenrechtsorganisation übergeben, sie den Vereinten Nationen vorlegen? Sind die Schultern der Syrischen Nationalbewegung breit genug, um sie vor die internationale Gemeinschaft zu bringen? «Wir haben diese Akte als etwas betrachtet, das man uns zur Verwahrung übergeben hatte, sie war das Archiv des syrischen Blutes, sie gehörte uns nicht. Zuerst mussten die Familien wissen, ob ihre Angehörigen auf diesen Fotos waren, und dann galt es, ihnen Gerechtigkeit widerfahren zu lassen.» Imad und Hasan beschließen, dass die Akte in den Händen der Syrischen Nationalbewegung bleiben soll.

Das wird ihre Stärke und ihre Schwäche sein. Gegner werden ihnen später vorwerfen, sich das Dossier zunutze gemacht zu haben, um ihrer Bewegung einen politischen Vorteil zu verschaffen. Aber die beiden Männer, die seit Jahren im Untergrund arbeiten, wissen nur zu gut, dass bestimmte Oppositionsgruppen instrumentalisiert, andere von Agenten des Regimes unterwandert werden. Sie fürchten, vereinnahmt zu werden.

Sogar innerhalb der Syrischen Nationalbewegung werden Imad, Hasan und Sami einstweilen im Verborgenen tätig. Als Erstes müssen sie Tausende von Fotos klassifizieren und ordnen. Sie müssen sich einen Überblick über das Ganze verschaffen, um dann festzulegen, was der Öffentlichkeit, den Staatsführungen, der Justiz zugänglich gemacht werden soll.

Die von Caesar hinausgeschmuggelten Akten umfassen drei Kategorien von Fotos.

Die erste ist die der Gefangenen, die in den Hafteinrichtungen der Geheimdienste oder den Gefängnissen gestorben sind. Die Gefangenen tragen drei Nummern, unter ihnen die der Geheimdienstabteilung, in der sie inhaftiert waren.

Die zweite vereint Aufnahmen von Soldaten des Regimes, die durch Kugeln getötet worden sind, offenbar in Kampfhandlungen. Die sterblichen Überreste der Soldaten tragen ihren Namen und Vornamen, häufig mit dem Zusatz «Märtyrer».

Die dritte schließlich versammelt Aufnahmen von Zivilisten, zuweilen ganzen Familien, Männern, Frauen, Kindern, Großeltern, auf dem Boden liegend, meist in ihren Häusern. Sie wurden von einer Kugel niedergestreckt oder durch die Explosion einer Handgranate getötet. Die als «Terroristen» gekennzeichneten Leichen tragen nur eine einzige Nummer.

Die Kopien, die Caesar während jener beiden Jahre zwischen 2011 und 2013 gemacht hat, dokumentieren die gesamte Arbeit seiner Dienststelle, Tag für Tag, je nach Befehlslage. Am Morgen des einen Tages fuhren sie zum Krankenhaus von Mezze, um Aufnahmen von Häftlingsleichen zu machen. Tags darauf konnte es sein, dass sie in ein Wohnviertel geschickt wurden, um dort Leichen der Familien von «Terroristen» zu den Akten zu nehmen. Und am nächsten Tag brachen sie vielleicht auf, um tote Soldaten zu registrieren, die in einem Gefecht oder bloß bei einem Autounfall ums Leben gekommen waren.

Imran, Zakaria Die Syrische Nationalbewegung beschließt, zunächst und vor allem über die Gefangenenfotos zu berichten. Nach einer ersten, ungenauen Schätzung spricht die Bewegung gegenüber Medien und Regierungen von 55000 Fotos, die hauptsächlich tote Gefangene zeigen. Tatsächlich sind unter den Aufnahmen auch solche von Soldaten und Zivilisten, die außerhalb der Gefängnisse gestorben sind. Aber es ist die Zahl von 55000 Fotos und 11000 in Haft gestorbenen Gefangenen, die sich in den Medien verbreitet. Um sich auf die Fotos der toten Gefangenen zu konzentrieren, übergehen Imad und Hasan die Aufnahmen von 1036 Soldatenleichen und 4025 zivilen Opfern.

In einer Wohnung in Istanbul, nicht weit vom Flughafen Atatürk, hat die Bewegung ihre Büros eingerichtet. Sami beugt sich Nacht für Nacht über die Dokumente. Schlafen kann er schon lange nicht mehr. Foto um Foto hält er die Nummern der Leichen fest. Manchmal ist das Foto unscharf, die Zahl auf dem Körper kaum zu erkennen. Der einstige Bauingenieur ist zum Gerichtsarchivar geworden.

Er zählt 26948 Aufnahmen von 6627 Gefangenen, die in 24 Hafteinrichtungen in Damaskus (siehe die Liste im Anhang) einsaßen. Jeder Gefangene wurde vier Mal von den Militärfotografen fotografiert. Die Mehrheit der Gefangenen kommt aus den Abteilungen 215 und 227 des Militärgeheimdienstes.

Die Verteilung sieht aus wie folgt:

- 3452, also 52,09% der Gefangenen insgesamt, waren in der Abteilung 215 des Militärgeheimdienstes inhaftiert
- 1998, also 30,15%, in der Abteilung 227 des Militärgeheimdienstes
- 350, also 5,28%, in der Abteilung des Luftwaffengeheimdienstes
- 278, also 4,19%, in der Abteilung 216 des Militärgeheimdienstes
- 112, also 1,69%, in der Abteilung 235 des Militärgeheimdienstes
- 99, also 1,49%, in der Abteilung 251 der Staatssicherheit
- 54, also 0,81%, in der Abteilung 248 des Militärgeheimdienstes
- 49, also 0,74%, in der Abteilung 220 des Militärgeheimdienstes
- 45, also 0,68%, bei der Militärpolizei
- 116, also 1,75%, in einer nicht identifizierten Abteilung
- 74, also 1,12%, in verschiedenen anderen Dienststellen

In Syrien, in einem Klima der Angst und des Krieges, sind die Aufnahmen in aller Eile kopiert und dann auf einer Festplatte abgelegt worden. Hier, in der Ruhe eines Büros, müssen sie nach den Nummern der Gefangenen umbenannt und dann nach Abteilung und Todesdatum geordnet werden. Das soll es ermöglichen, mit einem Klick auf jede beliebige Aufnahme zuzugreifen. Selbst wenn man die Identität keines einzigen Opfers kennt.

Noch immer arbeiten sie im Verborgenen. Imran, ein junger Informatiker aus Mudamya, einem Vorort von Damaskus, geht Sami zur Hand. Vom Regime gesucht, hat er seine Heimat verlassen, wie Tausende von anderen Aktivisten, die Haus und Beruf, häufig auch ihre Familie zurückgelassen und anderswo ein neues Leben begonnen haben. Geschützt vor den Blicken derer – und sie sind zahlreich –, die ihre Aktivitäten verfolgen. Wenn sie in Erscheinung treten, dann nur unter ihrem Decknamen, um die, die sie zurückließen, vor den Sicherheitsdiensten zu schützen.

Imran ist auf dem Umweg über Ägypten in die Türkei gekommen. Imad ad-Din al-Rashid, der ihn kennt, überträgt ihm die Aufgabe, die Akte Caesar neu zu ordnen. Imran hat keine Unterkunft, er schläft in den Büros der Syrischen Nationalbewegung. Mit seinen 26 Jahren wirkt er noch wie ein unbekümmerter Junge. Aber die Gesichter, die Caesar und seine Kollegen verewigt haben, lehren ihn das Grauen.

«Durch den ständigen Anblick der Bilder bin ich depressiv geworden. Ich fing an, alle Welt zu hassen», erzählt Imran. «Als hätte ich keine Gefühle mehr, als sei der Engel des Todes[8] gekommen, meine Seele mit sich zu nehmen.» Seine einzige Therapie ist das Vergessen. Einen Teil seiner Erinnerungen hat Imran schon verloren. Die Zimmer des Hauses, in dem er aufgewachsen ist, die Schulfreunde. Details bestimmter dramatischer Ereignisse.

Wie der Ereignisse an jenem Morgen in Syrien. Die ganze Familie hat sich in einer Moschee von Mudamya versammelt, um von einem seiner Cousins Abschied zu nehmen, der an einer Straßensperre von Milizionären des Regimes getötet worden ist. Ein Auto explodiert vor der Kultstätte. Die Fenster zerspringen in tausend Stücke, Imran, unter Schock, läuft kopflos zu seinem Auto, um ins Krankenhaus zu fahren, als sei er allein. Dann erinnert er sich, dass er in der Moschee seine Familie zurückgelassen hat. Er kehrt um und findet das Gebäude zerstört, überall in den Trümmern sind Leichenteile. Seine verwundeten Eltern und Cousins sind schon medizinisch versorgt worden, aber der Schock bleibt. Morgens ist die Familie gekommen, um einen jungen Mann zu Grabe zu tragen. Am Abend sind es 37, die bestattet werden müssen.

«Heute lässt mein Gedächtnis mich häufig im Stich», gesteht der junge Mann. «Ich habe Schwierigkeiten, mich zu konzentrieren, zu lernen.» Wie übersteht man unversehrt das Schauspiel 27 000 unmenschlicher Fotos?

Bald wird ein anderer Aktivist sich ihm anschließen. Unter dem Pseudonym Zakaria. Der ehemalige Kinderarzt aus Damaskus ist über den Libanon in die Türkei gekommen. Imad ad-Din al-Rashid, der seine Fähigkeiten kennt, appelliert auch an seine Hilfsbereitschaft: «Welche Erkenntnisse können Sie aus diesen Fotos gewinnen? Können Sie zum Beispiel eine Liste der Misshandlungen erarbeiten, die diese Personen erdulden mussten?»

Zakaria erklärt sich bereit, eine zweite Excel-Tabelle zu erstellen. Wochenlang wird er vor dem Bildschirm, auf dem die Aufnahmen vorüberziehen, seine Anmerkungen von Hand auf Papier festhalten. Anfangs arbeitet der Kinderarzt nur in kurzen Abschnitten von zehn Minuten. Er wird vom Zorn übermannt, muss aufstehen, herumlaufen, damit der Zorn sich nicht in Hass verwandelt. «Diese Bilder sind wie ein Nährboden für die Kämpfer des Islamischen Staates», stellt er heute fest. Er denkt auch an seine drei kleinen Töchter, die in der Türkei mit ihrer Mutter wieder bei ihm sind. Was soll er ihnen erzählen? «Es ist, als hätten sie keine Geschichte mehr. Wo ist die Schule, vor der ich ihnen hätte sagen können: ‹Schaut, da habe ich studiert.› Ich habe in einer sozial gemischten Stadt gelebt. Was ist aus ihr geworden? Meine alawitischen Freunde, mein christlicher Gymnasiallehrer … Wo sind sie heute? Das syrische Mosaik gibt es nicht mehr.»

«Ich habe Syrien verlassen wie in einer mondlosen Nacht, ohne mich zu verabschieden, ohne meine Mutter zu umarmen.» Ein Aktivist hatte ihn telefonisch gewarnt, als er im Krankenhaus seinen Nachtdienst antreten wollte. «Du musst das Land verlassen, sofort.» Zakaria ging zu einem Freund, lieh sich dessen Handy und verständigte seine Frau, die ihm tags darauf seinen Reisepass brachte. Er vernichtete seine SIM-Karte, entfernte den Akku aus seinem Handy. Ein anderer Aktivist vergewisserte sich, dass die Grenzposten seinen Namen nicht hatten, und er erreichte den Libanon. «Drei Tage später tauchten Geheimdienstbeamte im Krankenhaus auf, um mich festzunehmen. Zu spät.»

Vor dem Bildschirm seines Rechners in der Türkei versucht er, jeden Gedanken auszuschalten und nicht bei den Fotos zu verweilen. Aber manche zwingen ihn innezuhalten. Der Blick des Mannes, der ihn anschaut, als lebte er noch. Der andere, der vor Schmerzen schreit, mit geöffnetem Mund, als der Tod ihn holt. Zakaria fühlt sich ihnen nah, er weint. Vor allem aber sind da die, die im Augenblick des Sterbens lächeln und den Archivar erstaunlicherweise besänftigen.

Es kommt, wie es kommen muss. Der Kinderarzt stößt auf das Foto, vor dem er sich so sehr gefürchtet hat. Ein Professor, der Mitglied seiner Aktivistengruppe war, ein gemeinsamer Freund von ihm und Imad. «Eine reine Seele», versichert Zakaria. «Er lehnte jeden Posten in den Koordinationsausschüssen und selbst in der Syrischen Nationalen Koalition ab. Er war bedroht, hätte Syrien verlassen müssen, aber er hat es vorgezogen zu bleiben.» Wenn die Mitglieder der Gruppe nachts in ihren winzigen Zimmern Demonstrationen organisierten oder über die Freiheit sprachen, stellte der Professor sein Notebook auf seinen runden Bauch wie auf ein Tablett und rief lachend in die Runde: «Schaut her, mein Büro.» Schließlich wurde er verhaftet. Lange haben Zakaria und die Familie des Professors gehofft, ihn mit Hunderttausenden von Syrischen Pfund befreien zu können, aber die Verhandlungen mit den Mitgliedern des Regimes zogen sich in die Länge. Zu sehr.

Als er sich in die Akte Caesar vertiefte, musste Zakaria gleich an ihn denken. Weniger als eine Woche später stieß er auf sein Foto, zu 99 % sicher, dass dies der Leichnam seines Freundes war. Später, während der gemeinsamen Arbeit mit Imad, wird er ihm das Foto zusammen mit einigen anderen zeigen und am Blick Imads erken-

nen, dass er sich nicht getäuscht hat. Ihr Freund ist in der
Abteilung 215 des Militärgeheimdienstes unter der Folter
gestorben.

Nummern und Fragen

Zusammen mit Imran legt Zakaria 24 Kriterien fest, um
die 27 000 Aufnahmen der toten Gefangenen zu beschrei-
ben (siehe Tabelle im Anhang):
– Minderjährige, Jugendliche unter 18 Jahren
– Erwachsene
– Personen über 50 Jahren
– Magerkeit
– Hautverletzungen (durch mangelnde Hygiene und
  fehlende medizinische Versorgung oder durch Läuse,
  Wanzen oder Flöhe, von denen es in den Zellen
  wimmelt)
– leichte Folter
– Verwendung chemischer Substanzen
– enukleierte Augen
– Wunden
– Tätowierungen (manche der Toten haben ein Kreuz,
  andere das Land Palästina, wieder andere, Schiiten
  oder Alawiten, einen Zulfikar, das Schwert des Imam
  Ali, auf der Haut. Einer von ihnen trägt sogar das
  Gesicht Baschar al-Assads auf dem gesamten Oberkörper)
– Strangulation
– Elektroschocks
– schwere Folter (tiefe Wunden)

- Peitschenstriemen
- andere Folterspuren
- Anwesenheit frischen Blutes (bestimmte Gefangene
  waren offenbar gerade erst gestorben, getötet im
  Krankenhaus selbst oder auf dem Boden der Garage,
  wo die Leichen lagerten)
- offenes Abdomen
- medizinischer Eingriff am Körper
- gebrochene Gliedmaßen
- Schiene
- Löcher im Körper
- *taschahhud* (als Glaubensbekenntnis erhobener rechter
  Zeigefinger)
- medizinische Operation
- Behinderung

Eine der 27 000 Aufnahmen wird von dieser Tabelle nicht erfasst. Zweifellos aus Takt gegenüber der einzigen Frau in dieser Akte. Rihab al-Allawi war 24 Jahre und studierte Bauingenieurswesen an der Universität Damaskus. Im Januar 2013 wurde sie verhaftet, weil sie an Demonstrationen teilgenommen hatte, und starb kurz darauf. Sie ist an ihrer schwarzen Kleidung zu erkennen, durch die sie sich von den anderen fotografierten Toten abhebt.

«Die 75 Fälle von Gefangenen, die mit erhobenem Finger, dem Zeichen der Ergebenheit gegenüber dem Islam, gestorben sind, zeigen, dass sie den Tod kommen sahen», sagt Zakaria. «Sie haben das Glaubensbekenntnis gesprochen, weil sie wussten, dass sie sterben würden. Wie konnten sie das wissen? Zweifellos, weil die Agenten, von denen sie verhört wurden, ihnen zu verstehen gaben, dass es vorbei ist ... Die Löcher in der Haut rühren von Schüssen her, seltener von einer Bohrmaschine», fährt der Kinderarzt fort. «In Syrien hat man noch nie von dieser Art der Folter mit einer Bohrmaschine gehört. Eine gängige Praxis war sie während der 2000er Jahre in den irakischen Gefängnissen. Sind also schiitische Milizen aus dem Irak nach Syrien gekommen, um das Regime zu beraten oder an den Repressionen teilzunehmen?»

Am Ende korrigieren die beiden Archivare die Zahl der Leichen von Regimeopfern nach oben und beziffern sie auf 6786. Und dabei haben sie nur die berücksichtigt, die sich zweifelsfrei identifizieren ließen. Manchmal ist auf den Fotos nur ein Rumpf zu sehen. Gehört er zu einer schon erfassten Person oder zu einer anderen? Sie haben es in solchen Fällen vorgezogen, die Fotos ihrer Liste nicht hinzuzufügen.

Im Dezember 2015 wird die Menschenrechtsorganisation Human Rights Watch ihrerseits die Gesamtzahl der Fotos präzisieren und auf 53275 beziffern, davon 28707 Aufnahmen von Personen, die in Haft gestorben sind. Die Organisation veröffentlicht einen 86-seitigen Bericht mit dem Titel «Wenn die Toten sprechen könnten. Massenhaftes Sterben und Folter in syrischen Hafteinrichtungen».

Die Excel-Tabelle von Zakaria zeigt unter anderem, dass 2936 Opfer Hunger litten und 2769 gefoltert wurden, von denen 1510 Hautverletzungen davongetragen haben. Bei 37 Gefangenen wurden Gesicht oder Körper durch eine chemische Substanz entstellt. Unter diesen waren 12 in der Abteilung 215 des Militärgeheimdienstes inhaftiert. Im Februar 2013 gestorben, tragen sie fortlaufende Nummern: 3831, 3832, 3833, 3834, 3835 (dieser Mann hat Elektroden auf dem Oberkörper), 3836, 3837, 3838 (die Leiche dieses Mannes liegt auf einem Krankenhauslaken aus blauem Nylon, daneben sieht man die Beine eines Agenten des Regimes mit gelben Stiefeln an den Füßen), 3839 (die Leiche dieser Person ist zersetzt), 3840, 3841 und 3842.

Weiterhin gibt es 455 Gefangene, deren Augen enukleiert wurden, allein 189 von ihnen stammen aus der Abteilung 215. Die Tabelle zeigt mehrere Fälle von 2012 und Anfang 2013. Danach schießen die Zahlen mit einem Mal in die Höhe, und es kommt zu zehn, zwanzig, dreißig aufeinanderfolgenden Nummern von enukleierten Gefangenen. So zeigen zum Beispiel die Fotos, die am 1. Juni 2013 in den Garagen des Krankenhauses von Mezze gemacht wurden, vierzig Leichen ohne Augen. Am 7. Juli sind es 57.

Warum? Wie? Die meisten Augen wurden erkennbar mit einem scharfen Gegenstand entfernt, andere mögen Tiere gefressen haben, die im Krankenhaus unterwegs waren, wo die Leichen über mehrere Stunden ungeschützt lagen. «Wenn man sich die Folge der Nummern von enukleierten Gefangenen ansieht», erläutert Zakaria, «kann man sich des Gedankens nicht erwehren, dass Mitglieder des Regimes eines Tages beschlossen haben, die fraglichen Personen eine nach der anderen zu verstümmeln.»

Die Tabelle ist unvollständig. Es fehlen Fotos, es fehlen Nummern. Gelegentlich tragen sogar zwei Leichen dieselbe Häftlingsnummer. «Das Regime mag routiniert sein, aber es ist nicht immer professionell, und seine Agenten können sich irren», erklärt Zakaria. «Viele wissen nicht recht mit einem Computer umzugehen, und der Rechtsmediziner trägt die Zahlen von Hand in sein Heft ein… Auch hat Caesar diese Fotos in einer Stresssituation kopiert, was dazu geführt haben mag, dass er bestimmte Akten, die im Computer der Militärpolizei abgelegt waren, ganz einfach übersehen hat.»

Eines ist sicher: Die Nummernfolgen in dieser Akte machen schwindeln. Wer diese Nummern entziffert, der entschlüsselt über die Folter, die Übervölkerung der Zellen, den mörderischen Hunger hinaus die syrische Todesmaschine, ihr System, ihren Mechanismus.

Zur Erinnerung: Jede aufgenommene Leiche trägt drei Nummern: Bei zweien – die auf die Haut oder ein Stück weißen Klebestreifens geschrieben sind – handelt es sich um die Nummer des Häftlings und die der Abteilung, aus der er kommt. Die dritte wird vom Rechtsmediziner hinzugefügt, der sie auf ein Blatt oder einen weißen Karton schreibt, die auf die Leiche gelegt werden, wenn die Aufnahme gemacht wird.

Die Nummern, die der Rechtsmediziner den Leichen zuweist, sind eindeutig. Sie folgen aufeinander, weil der Mediziner die Leichen in seinem Heft eine nach der anderen nummeriert: von 1 bis 5000. Danach geht er zu einer zweiten Reihe über: Nr. 1/b, Nr. 2/b, 3/b … bis 5000/b, dann zu einer dritten Reihe: 1/th, 2/th, 3/th … Weshalb trägt diese dritte Reihe nicht den dritten Buchstaben des arabischen Alphabets, nämlich das *t*, sondern den vierten, das *th*? Man weiß es nicht. Und warum Reihen von 5000? Sicher alles Routine.

Die Nummer des Häftlings selber ist nicht so einfach zu deuten. Handelt es sich um eine Nummer, die ihm die Agenten geben, wenn der Häftling schon tot ist und aus der Zelle gebracht wurde? Das würde bedeuten, dass das Regime die Leichen im Takt des Ablebens nummeriert, ganz gleich, wodurch es herbeigeführt wurde: Entkräftung, Krankheit, Ersticken, Folter.

Oder entspricht die Nummer der Akte der Person zum Zeitpunkt ihrer Inhaftierung? Die Soldaten – oder meist die damit betrauten Häftlinge – würden also diese Aktennummer auf die Leiche schreiben. Eine Hypothese, die eine andere nach sich zieht: die der Serienexekution von Häftlingen, die fortlaufende Nummern tragen. «Man kann sich vorstellen, dass es sich um einen Beschluss des Direktors der Hafteinrichtung handelt», meint Zakaria. «Er lässt sich an einem bestimmten Tag die Liste der Häftlinge geben und sagt: ‹Töten Sie die von Nummer soundso bis soundso.› Das wäre noch erschreckender. Aber wir wissen es noch nicht. Wir können uns keine Gewissheit verschaffen, keine Beweise.»

«Das System besteht aus abgeschotteten Einheiten. Jeder Agent, jeder Offizier erledigt seine Arbeit, ohne zu wissen, was im Büro nebenan vor sich geht. Caesar musste zum Krankenhaus fahren, die Leichen fotografieren und dann zurück in sein Büro, um die Akten anzulegen. Das ist alles. Er hat nie eine Hafteinrichtung von innen gesehen, nie das Krankenhaus betreten. Und es kann sogar sein, dass der Chef einer Hafteinrichtung faktisch über weniger Macht oder Informationen verfügt als ein Untergebener, der vielleicht Verbindungen zur Familie Assad hat. Es kann sein, dass der Befehl eines Chefs durch einen Untergebenen, der dem Präsidenten nahesteht, nicht ausgeführt wird.»

Hamza Ali al-Khatib, dreizehn Jahre, ist da …

In Istanbul im Büro der Syrischen Nationalbewegung wird Zakaria, der Arzt, zum Lehrer. Zakaria, der Dissident, erklärt seinen Krieg. Mit dem Stift in der Hand, verbindet er die Strenge des Unterrichts mit den Erinnerungen, skizziert Körper auf einer weißen Tafel, zeichnet Kreise, die Zellen darstellen, trägt Nummern ein, setzt Fragezeichen. Viele Fragezeichen. Und wird von seinen Gewissensbissen eingeholt: sein Land, sein Haus, die Revolution im Stich gelassen zu haben. «Der politische Aktivismus innerhalb Syriens ist etwas anderes als der außerhalb Syriens.» Ein Aktivismus, von dem er nicht gedacht hatte, dass er dazu imstande ist. Wie er sich auch niemals hätte vorstellen können, Nacht für Nacht mit dem Archivieren von Leichenfotos zu verbringen.

Als die Revolution in Tunesien und Ägypten ausbrach, dachte Zakaria nicht, dass dafür auch in Syrien alle Voraussetzungen gegeben seien, aber er wusste, dass sie jetzt oder nie stattfinden musste. «Es war wie eine Welle, die uns erfasste und mitriss. Wir hatten Lust, demonstrieren zu gehen, zu schreien. Ich weiß nicht, woher wir diesen Mut nahmen. Wir haben gelernt, unsere Lederschuhe wegzustellen und Turnschuhe anzuziehen, um bei den Versammlungen besser rennen zu können.»

Ist der junge Hamza Ali al-Khatib am 29. April 2011, einen Monat nach Beginn der Revolution, gerannt, um der Verhaftung zu entgehen? Mit seinen dreizehn Jahren ist der pummelige, lächelnde Junge auf dem berühmten Passfoto zur Ikone der syrischen Revolution geworden, ganz wie in Tunesien Mohammed Buazizi, der sich selbst verbrannt und den Arabischen Frühling ausgelöst hat, oder in Ägypten Khalid Said, der in Alexandria zu Tode gefoltert wurde.

An jenem Morgen im April verlässt Hamza sein kleines Dorf mit seiner Familie und Freunden, um in Daraa demonstrieren zu gehen, in jenem Süden des Landes, der die Speerspitze der friedlichen Revolution war. Die syrischen Cyberaktivisten haben diesen Freitag den «Tag, um die Belagerung Daraas zu beenden» genannt. Die große Stadt ist in der Tat von der Armee eingeschlossen.

Aber Hamza kommt gar nicht bis zur Stadt. Zehn Kilometer davor verhaften ihn Soldaten an einer Straßensperre. Einen Monat später wird sein Leichnam den Eltern übergeben. Mit Schusswunden in den Armen, völlig zugeschwollenem Gesicht und abgeschnittenem Geschlecht. Der Körper über und über blau von Hämatomen. Die Familie verbreitet übers Internet ein Video von dem verstümmelten Jungen. Bei den Versammlungen skandieren sie seinen Namen und schwenken sein Porträt. Facebook-Seiten werden unter seinem Namen eingerichtet, Internetseiten sind ihm gewidmet.

Das Regime wird seine Version des Geschehens auf einem Kanal des Staatsfernsehens verbreiten: Hamza Ali al-Khatib war ein Junge, der den Aufrufen zum Dschihad erlag und starb, als er sich an dem Angriff auf einen Wohnblock der Armee in Saida beteiligte, bei dem die Offiziersfrauen vergewaltigt werden sollten. Ein am 1. Juni veröffentlichter Bericht behauptet sogar, dass «der Leichnam keine Spuren von Folter, Schlägen oder anderer Gewaltanwendung aufwies». Die vermeintlichen Spuren rührten dem im Bericht zitierten Gerichtsmediziner zufolge von der Verwesung des Leichnams her, nachdem es den Behörden nicht gelungen sei, den Jungen schnell genug zu identifizieren. «Der Bericht», so wird die offizielle Presseagentur Sana behaupten, «gebietet den Lügen und falschen Anschuldigungen Einhalt und bringt die Wahrheit ans Licht.»

Drei Jahre später liefern die aus dem Land geschmuggelten Fotos von Caesar den Beweis, dass die Geheimdienste den Jugendlichen gefoltert haben. Unter den Hunderten von Aufnahmen ermordeter Zivilisten, die vom Regime als «Terroristen» eingestuft wurden, ist auch das Foto des Leichnams von Hamza Ali al-Khatib. Er trägt die Nummer 23.

Eine andere Aufnahme zeigt den Leichnam von Thamir al-Sahri. Ein Jugendlicher von fünfzehn Jahren, am selben Tag wie Hamza in Daraa verhaftet. Sein Körper, der von elf Kugeln durchlöchert ist und eine große Schnittwunde an der Wange hat, wird seiner Familie zwei Monate später ausgehändigt. Das Foto von Thamir trägt die Nummer 12.

Die Aufnahmen der Kinder von Daraa beweisen, dass Fotos von Zivilisten in Hafteinrichtungen außerhalb von Damaskus gemacht und dann in den Archiven der Militärpolizei von Caesar und seinen Kollegen zusammengetragen und aufbewahrt wurden. Aufnahmen, die denen von Hamza Ali al-Khatib und Thamir al-Sahri gleichen. Die beiden Jungen waren bekannt und konnten anhand ihrer archivierten Fotos sofort identifiziert werden.

Aber was ist mit den anderen? Wer sind sie? Zum Beispiel jene Familie, die 2012 ausgelöscht wurde? Auf den Fotos liegen die Leichen auf den schwarz-weiß gemusterten Fliesen eines Hauses. Sie sind gleich zweimal mit derselben Nummer gekennzeichnet: auf weißem Klebeband, das man auf die Haut geklebt, und auf einer Holztafel, die man auf die Körper gelegt hat.

Zwei Jugendliche sind dort offenbar durch Kopfschuss getötet worden. Sie tragen die Nummern 4 und 29. Eine Frau, bei der man den hinteren Teil des Schädels entfernt hat, liegt mit der Nummer 18 auf ihrem Kleid neben einer anderen, die den Arm über sie gelegt hat und die Nummer 19 trägt. Dann liegt da ein alter Mann, lang ausgestreckt, gerade, fast würdevoll. Er ist nackt und trägt noch seinen Inkontinenzschutz. Auf den Brustkorb hat man ihm ein Klebeband mit der Nummer 9 geheftet, auf seinem Bein liegt ein Stück Holz, auf das dieselbe Nummer gestempelt wurde.

«Wie sind diese Personen zu namenlosen Nummern geworden? Diesen Opfern muss ihre Identität zurückgegeben werden. Ihre Familien haben das Recht zu wissen, was mit ihnen geschehen ist.» Ende 2014, ein Jahr nach Caesars Flucht. Zakaria ist verbittert. Was tut die Welt? Was tun die Politiker? Was tut die internationale Gemeinschaft? «Wir dachten, unsere Arbeit würde die öffentliche Meinung mobilisieren. Die Fotos wurden vor der Europäischen Union, vor dem Kongress in Washington, vor dem UNO-Menschenrechtsrat gezeigt. Aber die Politiker wollen zur Tagesordnung übergehen und Verhandlungen mit Baschar al-Assad aufnehmen. Wie konnte es so weit kommen?»

9
Diplomatie der kleinen Schritte, ergebnislos

Dabei haben Imad ad-Din al-Rashid, der «Politiker» der Gruppe, und Hasan Schalabi, der «geschäftsführende Direktor», als der er gern auftritt, bevor er sich Ende 2014 aus persönlichen Gründen zurückzieht, alles dafür getan, die Akte in diplomatische und juristische Kreise zu tragen.

Während Sami und Imran in Istanbul noch mit ihrer Archivierung beschäftigt sind, klären Imad und Hasan Ende 2013 einen kleinen Kreis über die Fotos auf, sondieren bei informellen Begegnungen die Reaktion der Experten und nehmen Kontakt mit international tätigen Juristen auf. Der Außenminister von Katar lässt sich rasch überzeugen, dass die Syrische Nationalbewegung finanziell unterstützt werden muss. Nachdem er in seinem Büro zwanzig der Aufnahmen in Augenschein genommen hat, blickt Khalid al-Atiya auf und erklärt: «Diese Kriminellen müssen verurteilt werden. Wenn wir nichts tun, wird die Geschichte uns verurteilen.»

Und nach der erschütterten Reaktion von Laurent Fabius und zehn weiteren Außenministern, die zur Kerngruppe der Freunde des syrischen Volkes zählen, ist Imad ad-Din al-Rashid sich seiner Sache sicher. Die Beweise für den syrischen Staatsterrorismus liegen auf dem Tisch.

Imad ad-Din al-Rashid bricht also guter Dinge in die Schweiz auf. Die Verhandlungen zwischen Teilen der Opposition und dem Regime sollen am 22. Januar in Montreux beginnen, um in Genf fortgesetzt zu werden. Imad ist davon überzeugt, dass die «Genf 2» genannte Konferenz eine geeignete Plattform für sein Anliegen sein wird. Um die erhoffte Wirkung der Fotos auf die Unterhändler zu verstärken, gewährt er der britischen Tageszeitung *The Guardian* und dem amerikanischen Nachrichtensender CNN einen exklusiven Einblick in die Akte. Die beiden Medien stellen auf ihren Internetseiten nicht nur einige Fotos online, sondern auch den ganzen Bericht der Kanzlei Carter-Ruck. Dort heißt es: «Die Untersuchungskommission hat den Zeugen für glaubwürdig und wahrhaftig befunden. Obwohl ein Gegner des derzeitigen Regimes, hat er nach bestem Wissen und Gewissen über seine Erfahrungen berichtet. Der Zeuge hat seine Aussage an keiner Stelle überspitzt und auch nie behauptet, Exekutionen [von Gefangenen] beigewohnt zu haben. Die Schlussfolgerungen der Kommission lassen keine Zweifel daran, dass sein Zeugnis wahrheitsgetreu und in jedem Gerichtsverfahren verwertbar ist.»

CNN spricht von «systematischer Folter des Assad-Regimes» und interviewt unter anderem Desmond da Silva, den Leiter der Expertenkommission. Der ehemalige Vorsitzende des Sondertribunals für Sierra Leone räumt ein, die Arbeit «mit einer gewissen Skepsis» aufgenommen zu haben. Aber die Bilder «gemahnen an die

186

Fotos von Überlebenden der nationalsozialistischen Vernichtungslager nach dem Zweiten Weltkrieg ... Die Beweise sind ohne jeden Zweifel ausreichend, um auf ihrer Grundlage ein Verfahren wegen Verbrechen gegen die Menschlichkeit zu eröffnen ... Natürlich steht es uns nicht zu, ein Urteil zu fällen. Wir können nur die Beweise prüfen und festhalten, dass ein Gericht von ihrer Echtheit ausgehen kann.»

22. Januar 2014. Unter den Augen der Vertreter des Regimes hält Ahmad al-Dscharba, Präsident der Syrischen Nationalen Koalition, am Verhandlungstisch von Genf 2 eines der Fotos hoch. Auf der Aufnahme liegen die nackten, ausgemergelten Körper mehrerer Opfer nebeneinander. Ganz offenbar sind sie verhungert. Al-Dscharba fordert den Rücktritt Baschar al-Assads und die Zerschlagung seines Geheimdienstapparates, der für die Repressionen verantwortlich ist. Auf der gegnerischen Seite hat Damaskus leichtes Spiel mit der Behauptung, es sei die parteiische Hand Katars, die hinter diesem Bericht die Fäden ziehe. Moskau, auf dessen unbedingte Unterstützung das syrische Regime zählen kann, bekräftigt seinerseits, die Anschuldigungen müssten verifiziert werden. Seit Ausbruch der Revolution und des Krieges ist von Russland kein Wort der Kritik am Regime von Baschar al-Assad zu hören, das nicht nur seit Jahrzehnten sein Verbündeter, sondern auch sein siebtgrößter Abnehmer von Kriegsgerät ist und den Russen, die ihre Schiffe in der Marinebasis von Tartus auslaufen lassen, einen Zugang zum Mittelmeer eröffnet.

Ein Jahr später, im Januar 2015, wiederholt Baschar al-Assad in einem langen Interview mit dem amerikanischen Magazin *Foreign Affairs* seine Kritik an dem Bericht. Der Journalist erinnert ihn an «die wahllose Bombardierung ziviler Ziele und Beweise für schreckliche Folter und Übergriffe in syrischen Gefängnissen …, die auf den Fotos eines Abtrünnigen mit dem Codenamen Caesar zu sehen sind».

Antwort des syrischen Präsidenten:

«Wer hat diese Fotos gemacht? Wer ist der Mann? Niemand weiß es. Keiner dieser Beweise ist je erhärtet worden. Das sind haltlose Anschuldigungen.»

«Aber die Fotos von Caesar sind von einer unabhängigen europäischen Expertenkommission geprüft worden», beharrt der Journalist.

«Nein, nein. Das wurde von Katar finanziert. Die sagen, es sei eine anonyme Quelle. Also ist gar nichts klar, gar nichts erwiesen. Aus den Fotos ist nicht zu ersehen, wer die fraglichen Personen sind. Da sind nur Bilder von einem Kopf zum Beispiel oder von Schädeln. Wer sagt, dass die Regierung das getan hat und nicht die Rebellen? Und wer sagt, dass die Opfer überhaupt aus Syrien kommen? Zu Beginn der Krise wurden zum Beispiel Fotos veröffentlicht, die aus dem Irak oder dem Jemen kamen …»

Zur Zeit von Genf 2 «waren wir voller Hoffnung», erinnert sich Imad ad-Din al-Rashid. «Natürlich war uns klar, dass die Fotos nicht den Sturz Baschar al-Assads herbeiführen würden, da der Konflikt immer komplizierter wurde, mit Russland und dem Iran, die das Regime stützen. Aber wir dachten, dass die erdrückende Beweislast die Leute aufrütteln und die Verhandlungen beeinflussen würde.»

In Frankreich bringt die Zeitung *Le Monde*, die über Genf 2 berichtet, einen ersten Artikel über «Caesar, desertierter Fotograf der syrischen Barbarei». Der Bericht über die Affäre Caesar macht in den westlichen Medien die Runde.

In Paris herrscht unter Intellektuellen und Forschern, die über Syrien arbeiten, zunächst Erleichterung. «Endlich! Endlich brachte etwas das ganze Ausmaß des Grauens zum Vorschein», erinnert sich Bassma Kodmani, Direktorin des Forschungsinstituts Arab Reform Initiative. Die franko-syrische Politologin war Sprecherin des Syrischen Nationalrats, den sie nach acht Monaten verließ, weil sie den Eindruck gewonnen hatte, es fehle ihm an Glaubwürdigkeit. Seither hat sie ihre Forschungen wieder aufgenommen und sich humanitären Anstrengungen verschrieben, um das syrische Volk zu unterstützen. «Wir waren erleichtert, dass jemand diese Schrecken, die niemand sah, an den Tag brachte. So viele Freunde waren in den Gefängnissen umgekommen, wir wussten also, dass sie Orte des Todes waren. Aber dass es so weit ging ... Diese Nummern, diese Buchführung, diese systematischen Aufnahmen, das hat uns selbst überrascht. Die Gründlichkeit, mit der das alles verzeichnet und archiviert wurde. Jenseits einer bestimmten Schwelle ist das Grauen nicht mehr beschreibbar. Man braucht Bilder, die es zur Sprache bringen, da niemand eine solche Barbarei mit Worten beschreiben kann.»

Aber die Verhandlungen zwischen Opposition und Regime scheiterten. Damaskus weist jede Idee eines politischen Übergangs zurück und wirft sich zum Bollwerk gegen den Terror des «Islamischen Staats» auf. In den folgenden Wochen berichten die Medien kaum noch über Caesar. Ein Thema mehr, das ob der vermeintlichen Zwänge der Realpolitik in der Versenkung verschwindet. Zu viele Bilder von syrischen Toten auf allen Seiten flimmern über die Informationskanäle. Die Barbarei der Dschihadisten lässt das alltägliche Leiden der Zivilbevölkerung unter der Unterdrückung durch das Regime in den Schatten treten. Die öffentliche Meinung ist der Sache überdrüssig und verabschiedet sich mit der Auskunft, der Konflikt sei eben «undurchschaubar» geworden. Zu viele Diplomaten nehmen sich der Akte Caesar nicht wirklich an.

Fünf Monate nach der Entscheidung, keinen Militärschlag gegen das Regime zu führen, das für den Giftgasangriff auf die Ghuta-Ebene verantwortlich ist, bleibt Washington seiner politischen Linie treu: Baschar al-Assad zu stürzen hat keine Priorität.

Den Amerikanern steckt ihre Erfahrung im Irak von 2003 noch in den Gliedern. Mit der Beseitigung des dortigen politischen Systems wollten sie reinen Tisch machen – um stattdessen ein Chaos anzurichten, das dem «Islamischen Staat» den Boden bereitet hat. Heute ist es darum für die Vereinigten Staaten vordringlich, dem spektakulären Vormarsch der Dschihadisten im Irak und in Syrien Einhalt zu gebieten, selbst um den Preis, Baschar al-Assad und die Vertreter seines Regimes unbehelligt zu lassen. Das ist die Vorstellung, die sich in den Köpfen festgesetzt hat: Wenn der Präsident entmachtet wird, droht das Schlimmste.

Vor allem möchten sich die Amerikaner aus dem Mittleren Osten heraushalten, wie sie es mit dem Abzug ihrer Truppen aus dem Irak tun, und ihren Konflikt mit dem Iran lösen.

Gegen Ende des Winters 2014 trifft sich in Paris eine Handvoll Intellektueller, um der Untätigkeit der Politik etwas entgegenzusetzen und zu versuchen, die Akte Caesar wieder ins Zentrum der Aufmerksamkeit zu rücken. Unter ihnen sind Bassma Kodmani, Ziad Majed und Yassin al-Haj Saleh.

Ziad Majed[9], Politologe und Spezialist für den demokratischen Wandel in der arabischen Welt, hat durch seine Arbeit für das Rote Kreuz den libanesischen Bürgerkrieg miterlebt und das Leid der Bevölkerung geteilt. Er lehrt heute an der Amerikanischen Universität Paris.

Der syrische Arzt und Schriftsteller Yassin al-Haj Saleh[10] war selbst mehr als sechzehn Jahre, von 1980 bis 1997, in den Gefängnissen des Regimes inhaftiert. Nach Ausbruch der Revolution lebte er zweieinhalb Jahre im Untergrund, bevor er 2013 das Land verlassen und in die Türkei flüchten musste. Sein Bruder Firas wurde im Sommer 2013 in seiner Geburtsstadt Raqqa von Milizen des «Islamischen Staates» ermordet. Seine Frau, Samira Khalil, Aktivistin und ehemalige politische Gefangene, wurde im Dezember 2013 bei Damaskus ermordet, wahrscheinlich von einer islamistischen Gruppe (Dschaisch al-Islam).

Samira Khalil war damals in Begleitung dreier anderer Widerstandskämpfer (die bis heute nicht wieder aufgetaucht sind), unter ihnen der Rechtsanwalt Razan Zaituna. Berühmt für seinen jahrelangen Kampf für die Verteidigung der Menschenrechte, hatte Razan Zaituna im April 2011 das Violations Documentation Center und im Juni 2011 die Lokalen Koordinationskomitees ins Leben gerufen. Das Zentrum hatte zunächst damit begonnen, eine Liste der Opfer zu führen, die bei der Niederschlagung von Demonstrationen ums Leben gekommen sind. Inzwischen kümmert es sich auch darum, Zivilisten, die bei Bombardierungen getötet wurden, Personen, die verschwunden sind oder vom Regime verhaftet wurden, und schließlich Personen, die vom «Islamischen Staat» gekidnappt oder ermordet wurden, zu identifizieren – und damit den Grundstein für eine künftige Erinnerungsarbeit zu legen.

An diesem Abend in Paris ist es das Schweigen über die Akte Caesar, das ihnen allen Sorgen macht. «Wenn sie keine rechtlichen Konsequenzen hat, ist das, als würde man die Syrer aus dem internationalen Rechtssystem ausschließen», sagt Bassma Kodmani. «Als stünden sie außerhalb des Rechts, indem man ihnen sagt: ‹Ihr habt keine Rechte. Assad hat sie euch entzogen. Ihr könnt nicht vor Gericht ziehen, für euch gibt es keine Rechtsprechung, keine Wiederherstellung des Rechtszustands.› Das ist eine Katastrophe. Und die Opfer können sich in Monstren verwandeln, wenn die Rechtsnormen außer Kraft gesetzt bleiben und die Unterscheidung von Gut und Böse nicht wiederhergestellt wird.»

«Wir konnten nicht begreifen, dass eine solche Akte so wenig Beachtung fand», sagt Ziad Majed. «Die Nummern auf den Leichen zeigen, welche Ausmaße die systematische Repression durch das Regime angenommen hat. Aber es brauchte einen politischen Willen, um die Akte ins Zentrum der Aufmerksamkeit zu rücken. Darum wollten wir in Frankreich etwas unternehmen.» Yassin al-Haj Saleh veröffentlicht einen Leitartikel auf lexpress.fr., «Die Tötungsindustrie in Syrien»:[11] «Was geschieht in den anderen syrischen Städten, in Aleppo, Homs, Latakia, Dair az-Zaur etc.? Wir wissen darüber nichts. Aber es gibt keinen Grund zu der Annahme, die vom Regime verübten Morde an Gefangenen beschränkten sich auf Damaskus. Die makabre Buchführung über die Folteropfer und die Fotografien, die uns vorliegen, belegen die Existenz einer Tötungsindustrie.»

Am Ende ihres Treffens planen die Intellektuellen drei Zusammenkünfte, die vom Netzwerk syrischer Frauen und dem Syrischen Verein für Verschwundene und politische Gefangene ausgerichtet werden sollen: im Europaparlament in Straßburg, im Institut du Monde arabe in Paris und bei Amnesty International. Für Amnesty ist die Akte Caesar eine Bestätigung der verschiedenen eigenen Berichte, etwa des zwei Jahre zuvor veröffentlichten Berichts «Ich wollte sterben».[12] Daher ist es für die Menschenrechtsorganisation eine Selbstverständlichkeit, am Morgen des 13. März 2014 die Gruppe, die Caesar ausgeschleust hat, und David Crane zu empfangen, einen der Rechtsexperten, die an dem von Carter-Ruck in Auftrag gegebenen Bericht mitgewirkt haben.

Imad ad-Din al-Rashid und Hasan Schalabi berichten über die Operation Caesar. David Crane belegt einmal mehr die Echtheit der Fotos. Chadi Joneib, ein in Bordeaux praktizierender syrischer Arzt, spricht im Namen des Syrischen Vereins für Verschwundene und politische Gefangene. Ziel des im Entstehen begriffenen Vereins ist es, Familien zu helfen, Angehörige wiederzufinden, die zwischen Frühjahr 2011 und Sommer 2013 verschwunden sind, also in dem Zeitraum, in dem die außer Landes gebrachten Aufnahmen gemacht wurden. Anhand eines Fotos des Vermissten und der Informationen, die von den Familien bereitgestellt werden, prüfen die Mitglieder des Vereins, ob das Foto einer Aufnahme in der Akte Caesar entspricht.

«Dass das Regime erbarmungslos war und Gefangene fol-
terte, war mir immer klar», wird Chadi Joneib später erzählen, der Arzt, der seit seiner Jugend mit seiner Familie in
Frankreich lebt. «Wenn man nach Syrien zurückkehrte,
hatte man immer Angst, am Flughafen von Damaskus verhaftet zu werden und zu verschwinden. Wir lasen *La Coquille* von Moustafa Khalifé.[13] Aber wir dachten auch, wenn
ich ehrlich bin, das Buch sei ein wenig romanesk. Als ich
die Fotos gesehen habe, gingen mir die Augen auf.»

Tatsächlich ist Moustafa Khalifé, der Autor von *La Coquille,* bei der Zusammenkunft anwesend. Das Buch, in
dem er von den dreizehn Jahren erzählt, die er im Gefängnis von Palmyra verbracht hat, von 1981 bis 1994, ist
zu einem Referenztext geworden. Khalifé, der seinerseits
nach Frankreich geflohen ist, hebt noch einmal hervor,
dass die organisierte Repression nicht erst mit der Revolution eingesetzt hat, sondern ein Grundpfeiler des syrischen Regimes ist. «Einen Unterschied müssen wir allerdings festhalten. Das Ausmaß der Repression hat sich
geändert. Zu Zeiten des Vaters, Hafiz, starben viele Gefangene unter der Folter. Aber der Tod war nicht deren
Ziel. Ziel der Folter war es, möglichst viele Informationen aus den Gefangenen herauszubekommen und sie zu
demütigen. Heute ist das anders. In den Gefängnissen
des Sohnes, Baschar al-Assad, besteht in vielen Fällen das
eine und einzige Ziel darin zu töten.»

Der einstige politische Gefangene stellt die Frage nach
der «Untätigkeit» bestimmter diplomatischer Kreise, die
sich zu ihrer Rechtfertigung auf die Angst vor einem Zu-

sammenbruch des syrischen Staates und dem Chaos berufen, das auf ihn folgen würde. «Aber gibt es in Syrien wirklich einen Staat, im modernen Sinne des Begriffs? Eine rechtliche und politische Konstruktion, etwas wie einen Sozialvertrag, um das Leben, die Interessen und den Schutz der Bürger in einer Gesellschaft zu organisieren? Nein. Assad verwaltet Syrien so, wie er einen Bauernhof führen würde, einen Privatbesitz, in dem nicht allein Grund und Boden, sondern auch Personen Eigentum des Feudalherrn sind. Es gibt also in Syrien gar keinen wirklichen Staat, dessen Zusammenbruch man fürchten müsste.»

Die Konferenz endet, die Journalisten gehen auseinander. Unauffällig tritt ein Mann auf, der Syrien gut kennt. Der Diplomat und ehemalige Arzt ist für seinen Freimut und für seine Einsatzfreude bekannt. Im Frühjahr 2009 zum französischen Botschafter in Damaskus ernannt, ist Éric Chevallier vor Ort, als die Revolution ausbricht. Am 7. und 8. Juli 2011 begibt er sich mit seinem amerikanischen Amtskollegen nach Hama, wo Tausende von Syrern demonstrieren.

Der Diplomat warnt damals schon das französische Außenministerium am Quai d'Orsay, dass Baschar so schnell nicht fallen werde. Aber in Paris will man an seinen baldigen Sturz glauben. Angesichts der staatlichen Repressionen beschließt Nicolas Sarkozy, damals Präsident, die französische Botschaft in Damaskus zu schließen. Éric Chevallier verlässt also Syrien am 6. März 2012. Er setzt seine Arbeit von der französischen Hauptstadt aus fort. Er knüpft zahlreiche Kontakte mit Oppositionellen im Exil und humanitären NGOs, ja er geht so weit, Geldkoffer an die türkisch-syrische Grenze zu bringen, um den Kommunalräten der befreiten Städte zu helfen, welche die Institutionen des Regimes ersetzt haben.

Wie die anderen Mitarbeiter des Außenministeriums hat Éric Chevallier von der Akte Caesar erstmals im Januar 2014 gehört, während des Treffens der Freunde des syrischen Volkes am Quai d'Orsay. Im März, als die Gruppe von Caesar Station in Paris macht, nutzt er die Gelegenheit, um mit ihr ins Gespräch zu kommen. «Im Ministerium war bekannt, dass die Akte von einem internationalen Team von Strafverfolgern und Rechtsmedizinern geprüft und seriös war», erklärt er. Der französische Botschafter für Syrien begleitet also Imad ad-Din al-Rashid, Hasan Schalabi und David Crane zu einem Arbeitstreffen am Quai d'Orsay. Ein Dutzend Personen ist da: ein Vertreter des Élysée, ein Vertreter des Krisenzentrums im französischen Außenministerium, Angehörige der dortigen Abteilung der Vereinten Nationen, Mitglieder von internationalen Organisationen und Menschenrechtsorganisationen sowie der Abteilung für Nordafrika und den Mittleren Osten im Außenministerium, eine Mitarbeiterin der Botschafterin für Menschenrechte, die für die internationale Dimension der Shoah, Beraubungen und die Pflicht zur Erinnerung zuständig ist. Man spricht über die Akte, über den Terrorismus und das diplomatische Vorgehen.

Sieben Monate nachdem die Amerikaner sich gegen die angedrohten Luftschläge nach den Giftgasangriffen bei

Damaskus entschieden hatten und Frankreich ohne Washington nicht handeln konnte, ist die Affäre Caesar eine Gelegenheit, sich wieder auf Kurs zu bringen. Und, so fügt Éric Chevallier hinzu, «die Position Frankreichs zu bekräftigen und darauf hinzuweisen, dass das Regime eine erhebliche Verantwortung für diesen Konflikt trägt. Diese Akte ist wichtig auch für das Urteil der Geschichte, weil sie verhindern kann, dass diese Verbrechen verschleiert werden.»

Die beiden anderen von den Intellektuellen organisierten Zusammenkünfte mit der Gruppe um Caesar finden vor kundigem Publikum statt. Einen Tag vor dem Treffen bei Amnesty, am 12. März, wird die Gruppe auf Einladung der Europaabgeordneten der Grünen Isabelle Durant und Daniel Cohn-Bendit im Europaparlament in Straßburg gehört. Vor etwa dreißig Personen sprechen Schalabi, al-Rashid, Khalifé und Crane von «Massenfolter». Am Abend des 13. begibt sich die Gruppe ins Institut du Monde arabe. Der Präsident des Instituts, Jack Lang, eröffnet persönlich die Konferenz.

Istanbul, Frühjahr 2014

Éric Chevallier beschließt, einen Schritt weiter zu gehen und Caesar persönlich zu treffen. Mit Unterstützung des Außenministeriums fliegt er nach Istanbul, wo der einstige Fotograf fürs Erste untergekommen ist. Bei Imad ad-Din al-Rashid gibt es ein Abendessen. Hasan Schalabi ist da, mit dem französischen Konsul und einem Übersetzer.

198

Der Botschafter hofft, dass Caesar anwesend sein wird. Die Zeit verstreicht, aber Caesar zeigt sich nicht. Er hat Angst, erklärt Imad ad-Din al-Rashid seinem Gast, er will niemanden sehen. Auch Stephen Rapp, den amerikanischen Sonderbotschafter für Kriegsverbrechen, hatte er nicht treffen wollen.

Imad macht sich auf, um Sami zu suchen, Caesars engsten Vertrauten, der im selben Viertel wohnt. Einsilbig, oft reserviert, fast abweisend, bekräftigt der einstige Bauingenieur, dass Caesar nicht öffentlich auftreten wolle. Es ist schon nach 12. Im Wohnzimmer trinkt Éric Chevallier einen Tee nach dem anderen, geduldig, aber peinlich berührt, nachdem er unwillkürlich Zeuge der Spannungen wurde, von denen die Gruppe durchzogen wird.

Doch wie könnte es anders sein? Fast zehn Monate ist es her, dass Caesar Syrien verlassen hat, die Echtheit der Fotos wurde erwiesen, und nichts hat sich getan. Weder politisch noch rechtlich. Der Deserteur zieht von einem Land ins andere. Er ist psychisch angeschlagen. Vorsichtig. Vielleicht auch zusehends misstrauisch. Wo soll er seine Koffer am Ende abstellen? Wo ist für seine Sicherheit gesorgt?

Die Akte Caesar ist ein Abbild des syrischen Konflikts: Aktivisten im Innern des Landes und Aktivisten im Ausland. Manche dieser politischen Aktivisten sind seit langen Jahren im Exil, fast abgeschnitten von den gegenwärtigen syrischen Realitäten. Andere, die im Land verwurzelt sind, wie Imad ad-Din al-Rashid, mussten nach dem Ausbruch der Revolution fliehen. Kommunisten, Sozialisten,

Islamisten, Menschenrechtsaktivisten, die versuchen, von der Türkei, von Jordanien, von Europa aus weiter für die «syrische Sache» zu kämpfen.

Im Innern Syriens riskieren die Aktivisten ihr Leben, um weiterhin Informationen zu beschaffen, Beweise für Verbrechen zu sammeln, bei alledem ständig auf der Hut vor den Repressionen des Regimes und der Barbarei des «Islamischen Staates». Im Ausland bewegen die Aktivisten sich in Diplomatenkreisen und organisieren eine Zusammenkunft nach der anderen, um Beschlüsse zu fassen, die den Konflikt beenden sollen. Aber welche?

Erstere sind mit den verschlungenen Wegen der internationalen Politik gänzlich unvertraut und fühlen sich von der Welt im Stich gelassen. Letztere versuchen gerade, in dieser Welt Fuß zu fassen, und vergessen gelegentlich, welchen Gefahren ihre Landsleute vor Ort ausgesetzt sind.

In Imads Wohnzimmer steht Sami an diesem Abend im Frühjahr 2014 schließlich auf und geht kurz zum Telefonieren auf den Balkon. Gegen 1 Uhr morgens klopft es an der Tür. Caesar tritt ein. «Er hatte große Angst», erinnert sich Éric Chevallier. «Das ist verständlich. Wer Jahre im Innern eines solchen Regimes lebt, weiß genau, wozu es fähig ist.» Die Begegnung wird nicht lange dauern, aber den Botschafter von der außerordentlichen Bedeutung der Akte überzeugen. Der bedächtige und wachsame Chevallier ist im Übrigen der erste Diplomat, der den Flüchtling kennengelernt hat. Die beiden Männer werden sich bei verschiedenen Gelegenheiten wiedersehen.

Am Quai d'Orsay haben vier oder fünf verschiedene Abteilungen begonnen, sich mit der Angelegenheit zu befassen, wie die der Vereinten Nationen oder die Abteilung für Nordafrika und den Mittleren Osten. Welche Konsequenzen müssen aus der Affäre gezogen, welche politischen und rechtlichen Maßnahmen eingeleitet werden? Für den Augenblick werden kaum Beschlüsse gefasst, bis auf den einen: die Akte dem Sicherheitsrat der UNO vorzulegen.

Keine Anrufung des Internationalen Strafgerichtshofs

New York, April 2014. Gérard Araud, der französische Botschafter bei den Vereinten Nationen, schlägt eine Besprechung der Mitglieder des Sicherheitsrates gemäß der «Arria-Formel» vor, die es den fünfzehn Mitgliedern des Rats erlaubt, zu informellen Sitzungen zusammenzukommen. Frankreich will ein Veto Russlands vermeiden, das bei einer Plenarsitzung im großen Sitzungssaal zu befürchten steht. Dreimal schon hat der Verbündete von Damaskus, der ständiges Mitglied des Sicherheitsrats ist, seit Beginn der Krise Resolutionen blockiert, in denen die Unterdrückung in Syrien verurteilt und ein Rücktritt von Baschar al-Assad gefordert wurde.

An diesem 15. April sind sämtliche Vertreter der fünfzehn Mitglieder des Sicherheitsrates anwesend, Russland eingeschlossen. Gérard Araud zeigt die Aufnahmen von Caesar, um das Terrain für die Abstimmung über eine Resolution vorzubereiten, die für eine Anrufung des Internationalen Strafgerichtshofs (IStGH) erforderlich ist.

Der IStGH ist 1998 ins Leben gerufen worden, um Massenverbrechen (Völkermorde, Verbrechen gegen die Menschlichkeit, Kriegsverbrechen) in einem Land zu untersuchen, wenn die nationale Gerichtsbarkeit nicht willens ist, dies zu tun. Zudem muss dieses Land, damit der Gerichtshof tätig werden kann, das Römische Statut unterzeichnet haben, durch das der IStGH gegründet wurde. 120 Länder haben es unterzeichnet, Syrien nicht.

Bei Staaten, die das Statut nicht unterzeichnet haben, kann der Chefankläger nur aufgrund eines Beschlusses des UNO-Sicherheitsrats Ermittlungen aufnehmen, Haftbefehle erlassen, die Verantwortlichen für die Verbrechen zur Rechenschaft ziehen. Um den IStGH anzurufen, muss der Rat eine Resolution im Sinne von Kapitel VII der Charta der Vereinten Nationen verabschieden.

Um die Russen für eine Resolution zu gewinnen, bezieht Frankreich in seinen Antrag sämtliche Konfliktparteien ein, das Regime, die Kämpfer der Opposition, Dschihadisten … Auch wenn Frankreich weiß, dass der Sicherheitsrat gespalten ist, und befürchten muss, dass die Resolution nicht verabschiedet wird. «Nach dieser Entscheidung», erklärt Gérard Araud während der Sitzung vom 15. April, «werden Sie sich beim Blick in den Spiegel fragen müssen: ‹Was habe ich damals getan?›»

Auf die Vorführung von etwa dreißig der Aufnahmen von Caesar folgen lange Minuten des Schweigens. «Die anwesenden Vertreter haben eingeräumt, dass es nie zuvor eine so erschütternde Sitzung im Sicherheitsrat gegeben hat», heißt es am Quai d'Orsay. «Selbst der russische Delegierte war bestürzt.»

Am Nachmittag gibt Gérard Araud eine Pressekonferenz. Im Hinblick auf ein mögliches Votum für die Anrufung des IStGH sagt er: «Wir hoffen, dass sich in dieser Entscheidung nicht politische Interessen aussprechen werden, sondern das menschliche Gewissen ... Es gibt Momente, in denen nur die Moral sprechen darf. Momente, in denen wir an das menschliche Gewissen appellieren. ... Dies ist eine Gelegenheit, wie es sie in der Geschichte der Menschheit selten gegeben hat und bei der wir uns fragen müssen, was wir angesichts der vom Regime verübten Gräueltaten tun sollen. Der Internationale Strafgerichtshof muss Ermittlungen aufnehmen.»

Dann erteilt der Diplomat zwei Experten das Wort, die an dem von der Londoner Kanzlei Carter-Ruck bestellten Bericht mitgewirkt haben, dem ehemaligen Strafverfolger David Crane und dem vom britischen Innenministerium abgestellten Experten für Rechtsmedizin Dr. Stuart Hamilton. Sichtlich mitgenommen, aber sehr gefasst wird Letzterer 22 Aufnahmen analysieren, die auf einem großen Bildschirm zu sehen sind.

Foto Nummer 2 zeigt drei Leichen, die auf einem gestampften Boden liegen. Zu sehen sind außerdem die Füße zweier aufrecht stehender Personen. «Wir haben hier eindeutige Beweise für Hunger», erläutert der Experte für Rechtsmedizin. «Wir können die Farbe der Knochen [unter der Haut] erkennen. Das Abdomen ist eingefallen, die Beckenknochen treten scharf hervor. Am Bein können Sie sogar ein Stück der Muskelsehne erkennen. Das zeigt, dass der Körper über einen langen Zeitraum Hunger gelitten hat.»

Auf dem Foto Nummer 6 weisen die Knöchel eines Mannes große Striemen auf. «Viele Leichen haben die gleichen Abdrücke auf der Haut. Welchen Ursprungs sie sind, ist nicht hundertprozentig klar. Sie können durch den Druck von Eisen auf die Haut hervorgerufen worden sein, die aufgrund der Unterernährung keine Spannkraft mehr hatte. Wir wissen, dass unterernährte Personen an Krankheiten wie Skorbut leiden. Diese Abdrücke kommen auf den Fotos, die wir untersucht haben, sehr häufig vor.»

Angesichts des Fotos, das ein Gesicht mit enukleierten Augen zeigt, bekennt der Arzt: «Solche Verletzungen habe ich in meiner ganzen Laufbahn noch nicht gesehen. Ich sehe auch nicht, welche Krankheit oder welcher natürliche Prozess sie verursacht haben könnte.» Und auf dem Foto Nummer 11 ist «eine Hand offenbar von einem chemischen Produkt verätzt worden, … das schwere und schmerzhafte Verletzungen hervorgerufen hat, aber keine Verletzungen, die zum Tod führen können».

Foto Nummer 14 schließlich zeigt den Hangar, in dem die Leichen aufgereiht sind, bevor sie in Plastiksäcke gesteckt werden. «Als jemand, der von Berufs wegen häufig Leichen transportieren muss, weiß ich, dass diese Säcke praktisch sind, um sie leichter tragen zu können … Die Art, wie die Leichen aufgestapelt sind, zeigt, dass dieser Prozess einer Produktionslinie gleicht.»

Auf einem weiteren Foto schließlich ist ein Gefangener zu sehen, den man offenbar mit dem Verteilerriemen eines Autos erdrosselt hat, den er noch um den Hals trägt.

Zwei Monate später, am 22. Juni, soll der UNO-Sicherheitsrat auf Betreiben Frankreichs eine Resolution verabschieden, um den Internationalen Strafgerichtshof anzurufen. Vor der Abstimmung teilt Gérard Araud mit: «Wenn heute in Syrien getötet, gefoltert und vergewaltigt wird, sind diese Gräuel nicht allein eine Folge des Bürgerkriegs. Sie werden absichtsvoll verübt im Rahmen einer bewusst gewählten Politik des Terrors und der Bestrafung … [Der Rat] wird damit zum Ausdruck bringen, dass man sich 2014 nicht mehr so verhalten kann wie 1942 oder 1994, dass er den Rückfall in Barbarei nicht dulden wird. Vielleicht hindern wir so einen Peiniger an weiteren Verbrechen.»

Der französische Außenminister Laurent Fabius veröffentlicht am selben Tag einen Leitartikel in *Le Monde*. Er erwähnt die chemischen Waffen, die Fassbomben, die Angriffe auf Zivilisten, die sexuelle Gewalt als Mittel des Krieges und die Gefangenen des Regimes: «Gefangene werden zu Zehntausenden gefoltert. Das internationale Recht wertet solche Gräueltaten als ‹Kriegsverbrechen› und ‹Verbrechen gegen die Menschlichkeit›. Diese Verbrechen sind, wenn es denn eine Skala des Schreckens gibt, die schlimmsten. Bis heute werden die Täter nicht strafrechtlich belangt. Sie werden nicht vor Gericht gestellt. Sie werden nicht verurteilt. Sie machen ungestraft weiter. Diejenigen zur Rechenschaft zu ziehen, die für Kriegsverbrechen und Verbrechen gegen die Menschlichkeit verantwortlich sind, heißt, den Opfern Gerechtigkeit widerfahren zu lassen. Und es heißt auch, die abzuschrecken, die solche Verbrechen weiterhin begehen: Früher oder später werdet ihr verurteilt werden.»

Frankreich ist nicht allein mit der Forderung, der IStGH müsse tätig werden. Während einer offiziellen Aussprache zwischen dem UNO-Menschenrechtsrat und der UNO-Sonderkommission zur Untersuchung von Menschenrechtsverletzungen in Syrien haben im März 2013 64 Mitglieder der Vereinten Nationen dafür plädiert, den Internationalen Strafgerichtshof wegen einer Untersuchung des Syrien-Konflikts anzurufen. Am 15. Mai 2014 fordern über hundert Organisationen der Zivilgesellschaft die fünfzehn Mitglieder des Sicherheitsrates auf, an den Strafgerichtshof zu appellieren, um die Verbrechen sämtlicher kriegführender Parteien zu ahnden.

Aber der Sicherheitsrat schließt sich am 22. Juni dem von Frankreich vorgelegten Resolutionsentwurf nicht an. Dreizehn von fünfzehn Ländern stimmen mit erhobener Hand dafür. Russland und China legen ein Veto ein. Der russische Vertreter nennt den französischen Text einen «PR-Coup». China möchte wie stets seit Beginn der Krise das Prinzip der Nichteinmischung in Belange eines souveränen Staates nicht aufgeben.

Die UNO-Sackgasse

In Genf, in den anderen Instanzen der Vereinten Nationen, enden die Bemühungen in derselben diplomatischen Sackgasse. Die 2011 vom UNO-Hochkommissariat für Menschenrechte eingesetzte Kommission zur Untersuchung von Menschenrechtsverletzungen in Syrien veröffentlicht alle sechs Monate einen Bericht über die verübten Gräueltaten. Da ihnen die Einreise verweigert wird, befragen die Ermittler um den Brasilianer Paulo Pinheiro Zeugen in benachbarten Ländern. Sie haben bereits fünf Listen mutmaßlicher Verantwortlicher für Kriegsverbrechen und Verbrechen gegen die Menschlichkeit erstellt: Führer bewaffneter Oppositionsgruppen, Befehlshaber von Regierungstruppen, Chefs von Geheimdienstabteilungen ... Aber diese Listen sind vertraulich und ruhen seit Monaten in Panzerschränken. Die Kommission hat stets jede Auskunft darüber verweigert, ob Baschar al-Assad oder seine Getreuen in den Listen auftauchen.

In ihrem achten Bericht, der vom 13. August 2014 datiert, nimmt die Kommission auf die Akte Caesar Bezug, ohne sie zu erwähnen. Der Absatz 26 des Kapitels «Übergriffe auf Zivilisten und Kriegführende außerhalb von Kampfhandlungen» hält in der Tat fest: «Durchgeführt wurde eine vorläufige Untersuchung und wissenschaftliche Prüfung von 26 948 Fotografien, die zwischen 2011 und 2013 in Hafteinrichtungen der Regierung aufgenommen wurden. Unter ihnen finden sich Fotografien von Akten und von verstorbenen Gefangenen, die Spuren von schwerer Folter und Unterernährung aufweisen. Bestimmte Elemente – wie etwa der Ort, der anhand einiger Fotografien als das Militärkrankenhaus 601 von Damaskus identifiziert werden konnte – erhärten die langfristig gewonnenen Untersuchungsergebnisse der Kommission bezüglich der systematischen Anwendung von Folter und des Ablebens von Gefangenen. Die Untersuchungen werden fortgesetzt, aber die Schlussfolgerungen werden größtenteils von der Gewinnung neuer Metadaten abhängen.»

Bloß neun Zeilen auf 49 Seiten Bericht. Die Mitglieder der Kommission haben Caesar auf seiner Flucht in verschiedenen Ländern getroffen. Aber die Kommission will dies nicht bestätigen. «Wir geben nie unsere Quellen preis», heißt es heute. «Das ist Teil unserer Methodologie.» Im folgenden Bericht, veröffentlicht am 5. Februar 2015, prangert die Kommission, die sich auf zahlreiche Berichte stützt, die «Existenz einer in den verschiedenen Regierungsbezirken umgesetzten Staatspolitik» und ein «System umfassender, systematischer Folter und illegaler Tötungen» an.

Anschuldigungen, die völlig folgenlos bleiben, weil der Internationale Strafgerichtshof nicht angerufen werden kann. Aber nirgends wird diplomatischer Protest laut. Die Berichte berichten. Die Zeugen bezeugen ... Und weiter nichts?

«Ich wusste, dass diese Akte Zeit brauchen würde. Aber ich bin nicht mehr optimistisch», gesteht Imad ad-Din al-Rashid. «Ich habe die Hoffnung, dass es zu einem Gerichtsverfahren kommt. Aber das Hauptproblem ist die amerikanische Haltung im Syrien-Konflikt.»

Im Sommer 2014 überredet Imad daher Caesar zu einer Reise nach Washington, um die Administration von Barack Obama zu überzeugen. Caesar wird vor dem Ausschuss für Auswärtige Angelegenheiten berichten. Das Repräsentantenhaus, von den Republikanern dominiert, die Obamas Politik der Nichteinmischung feindlich gegenüberstehen, will ihn empfangen. Was das Weiße Haus anbelangt, werden sich die Dinge komplizierter gestalten.

10
Bericht in Washington

Caesar «Anfangs habe ich mich gefragt, weshalb ich da hingehen soll. Braucht die Welt, brauchen die USA tatsächlich diese Fotos, um zu wissen, was in Syrien vor sich geht? Es gab schon Giftgasangriffe auf die Bevölkerung. Falls die Welt in Syrien intervenieren will, weiß sie längst, was dort geschieht.

Wenn die amerikanische Regierung dem syrischen Volk wirklich helfen wollte, hätte sie das schon nach dem großen Giftgasangriff auf die Ghuta-Ebene bei Damaskus getan. Darum zögerte ich.

Auch aus Sicherheitsgründen hatte ich große Angst, nach Washington zu gehen. Dennoch habe ich eingewilligt. Ich musste zu den Kongressabgeordneten, zum amerikanischen Volk und zur amerikanischen Regierung sprechen.

Bei der Ankunft im Hotel hat Evan McMullin vom Ausschuss für Auswärtige Angelegenheiten mich empfangen und sich um meine Sicherheit gekümmert. Das war jemand, der es gut meinte. Ich fühlte, dass er das syrische Volk unterstützen wollte. Er hat mir eine Baseballkappe, eine große schwarze Sonnenbrille und eine Kapuzenjacke gekauft, die ich bei den anstehenden Begegnungen getragen habe, um nicht identifiziert zu werden.

Am Tag nach unserer Ankunft sind wir zunächst ins Holocaust-Museum gegangen. Ich war sehr besorgt. Ich trug die Kleider, die Evan mir gegeben hatte, aber das Museum ist kein staatliches Gebäude und nicht so gut gesichert wie der Kongress oder das State Department. Als ich angekommen bin, war noch eine Touristengruppe da. Meine Angst war so groß, dass ich die Räume des Museums nicht besuchen konnte, nachdem ich das vereinbarte Treffen mit etwa fünfzig Leuten hinter mich gebracht hatte. Ich weiß nicht, wer sie waren. Das Ganze fand in einem Raum mit einer Bühne statt, man hat ihnen die Fotos mit einem Projektor gezeigt. Ich habe ein paar Worte gesagt, dann bin ich gegangen.

Wir haben auch Samantha Power getroffen, die amerikanische Botschafterin bei den Vereinten Nationen, und John McCain, den republikanischen Senator. Samantha Power hat sich den Film angeschaut, den die Syrische Nationalbewegung gedreht hat. Sie hat geweint, als sie die Bilder gesehen hat. Ich mag die Musik des Films, sie ist sanft und dramatisch. Samantha Power sagte, sie sei verzweifelt, dass die Welt solche Übergriffe erleben müsse und man nichts dagegen tun könne.

John McCain war sehr kritisch gegenüber Barack Obama, als er erwähnt hat, dass der Präsident mich nicht sehen wolle. Man hat sofort gespürt, dass dieser Mann das syrische Volk unterstützt. Er hatte eine ganze Reihe von Akten in seinem Amtszimmer, mit Fotos von den Giftgasangriffen in der Ghuta-Ebene und von toten Gefangenen. Als ich hereinkam, hat er mich herzlich empfangen,

dann hat er mit einem der Aktenordner auf den Tisch gehauen. Er war wütend auf den amerikanischen Präsidenten: ‹Baschar wird noch Schlimmeres tun, wenn Barack
Obama seinen Übergriffen nicht Einhalt gebietet.› Eine
Viertelstunde lang hat er über das Regime, über die Freie
Syrische Armee, über Daesch gesprochen. Ich war überrascht, wie genau er die Lage in Syrien kannte, als würde
er dort leben.

Danach haben wir die Anhörung vor dem Kongress vorbereitet, die mir so wichtig war. Wir haben uns gefragt,
wie ich auftreten sollte. In einer geschlossenen oder einer
offenen Sitzung? Evan hat mir den Unterschied erklärt.
Bei geschlossenen Sitzungen können die Abgeordneten
Fragen stellen, auf die man antworten muss, aber es
dringt nichts zur Presse durch. Ich hatte Angst, aber ich
war gekommen, um der Welt über die Gräueltaten des
Regimes zu berichten. Ich musste also in einer offenen
Sitzung sagen, was ich zu sagen hatte. Evan hat dafür gesorgt, dass alle Sicherheitsvorkehrungen zu meinem
Schutz getroffen wurden.

Wir haben den Kongress durch einen Tunnel betreten.
Einen dieser langen Tunnel, die an Hotelflure erinnern
und mehrere Gebäude verbinden. Das ist etwas anderes
als die Tunnel, die von der Freien Syrischen Armee ge-
graben werden! Wir sind im Büro des Präsidenten des
Abgeordnetenhauses angekommen und einen Moment
geblieben, etwa eine Viertelstunde. Es gab Fruchtsäfte
gegen die Aufregung.

Man hat mir erklärt, wie die Sitzung ablaufen würde. Ich sollte im Saal sitzen, in der ersten Reihe, gegenüber dem Podest, auf dem die Kongressmitglieder Platz nehmen. Die Reporter und Fotografen würden durch die Tür hinter mir kommen, um Fotos zu machen, als Beweis dafür, dass man mich wirklich vor dem Kongress angehört hat. Aber niemandem von den Medien war es erlaubt, mich oder die Szene von vorn zu filmen.

Ich war sehr besorgt, dass die Journalisten meine Sicherheit aufs Spiel setzen und die Vorkehrungen, die man im Saal getroffen hatte, durcheinanderbringen könnten. Sie hatten nur zehn Minuten Zeit, von hinten ihre Fotos zu machen.

Mir gegenüber saßen Kongressmitglieder und Vertreter von Menschenrechtsorganisationen. Man hatte mir versichert, dass alle Kommunikationsverbindungen, Telefone und Kameras, die für gewöhnlich die Debatten aufzeichnen, ausgeschaltet sein würden. Es lief alles wie geplant. Während der Anhörung haben meine Baseballkappe, meine große schwarze Brille und die blaue Kapuzenjacke mich vor Blicken geschützt.

Anfangs hat mich das Klicken der Apparate und das Geräusch der Blitzlichter an meine Arbeit innerhalb des Regimes erinnert. In der Leichenhalle des Krankenhauses von Tischrin mussten wir auch gelegentlich Blitzlichter benutzen, wenn es zu dunkel war.

Dann wurden die Journalisten von der Polizei hinausgebeten. Das gab mir die Möglichkeit, nach links und rechts zu schauen, um einen Blick auf den Saal zu werfen. Die Fotos der toten Gefangenen waren großformatig im

Saal aufgehängt worden. In diesem Augenblick wurde ich mir ihrer Bedeutung bewusst. Mir wurde klar, dass es wichtig war, was ich getan hatte. Ich war stolz. Ich wusste noch, wann ich die Fotos gemacht hatte, ich erkannte sie wieder. Natürlich konnte ich mich nicht im Einzelnen an die Personen erinnern, aber ihre Gesichtszüge werde ich nie vergessen. Zwei Jahre lang habe ich nichts anderes getan, als diese Aufnahmen zu machen und zu archivieren.

Der Präsident des Ausschusses für Auswärtige Angelegenheiten des Kongresses [Ed Royce], der die Sitzung leitete, erteilte den Anwesenden das Wort.

In seinen einführenden Worten hieß er mich willkommen und würdigte die Bedeutung dessen, was ich getan hatte. Da ich an meiner Stimme erkannt zu werden fürchtete, sprach ich während der Sitzung leise zu einem Dolmetscher, der sich dann mit erhobener Stimme an den Kongress wandte. Ich las einen Text vor, den ich vorbereitet hatte und in dem ich erklärte, worin meine Arbeit bestanden und wie ich Syrien verlassen hatte. Das war eine Botschaft an die Welt. Ich habe ungefähr zehn Minuten gesprochen. Dann habe ich auf Fragen geantwortet, habe die Fotos kommentiert. Obwohl sie für sich selbst sprachen. Eigentlich bedurfte es keiner Erklärungen.

Jemand wollte mir erzählen, die Fotos seien von der Opposition gemacht worden. Ich habe ihm meine Geschichte erzählt und berichtet, wie ich die Aufnahmen gemacht hatte und auf welche Weise die Leichen fortlaufend nummeriert sind.

Als die Sitzung vorbei war, hat man durch die vordere Tür einen Mann geschickt, der wie ich gekleidet war, mit der Baseballkappe, der Brille, der gleichen Kapuzenjacke. Das war ein Täuschungsmanöver, um die Journalisten abzulenken, die seit zwei Stunden draußen warteten. Wir verbrachten die Zeit im Büro des Präsidenten des Ausschusses für Auswärtige Angelegenheiten.

Wie John McCain hat er Scherze über meine Baseballkappe gemacht. ‹Schade, dass die nicht von einem anderen Team ist. Wir hätten gut miteinander auskommen können, wir beide. Sie sollten die Kappe wechseln.› John McCain hatte lächelnd zu mir gesagt: ‹Warum haben Sie sich bloß diese Mannschaft ausgesucht! Die mag ich nicht. Schade, dabei hätten wir auf der gleichen Seite stehen können.› Ich kenne die ganzen Mannschaften nicht. Danach habe ich eine Kappe verlangt, auf der nichts steht.

Bevor wir den Kongress verlassen haben, gab es Mittagessen, Hamburger natürlich. Dann sind wir durch den Tunnel raus.

Ich war froh, dass ich Syrien eine Stimme geben konnte. Das kann nicht jeder. Wir sind ungefähr eine Woche in Washington geblieben. Es ist eine sehr schöne Stadt. Obwohl ich überrascht war, Arme unter der Brücke schlafen zu sehen, in Zelten, gleich neben dem Weißen Haus. Ich hätte nie gedacht, dass es in einem Land wie den Vereinigten Staaten Arme gibt. In Syrien träumten wir davon, in europäische Länder und die Vereinigten Staaten zu fahren. Wir dachten, das sei das Paradies auf Erden. Aber am Ende gibt es hier auch Armut und unterschiedliche soziale Klassen.

Wir sind zum Weißen Haus gegangen, um Barack Obama zu treffen, aber er hat uns nicht empfangen. Man hat uns gesagt, er sei im Gespräch mit Putin. Wir haben ihm dann einen Brief dagelassen. Einer seiner Berater hat sich mit uns getroffen. Man hat mir das Oval Office gezeigt. Das ist schön. Ich hätte nie zu träumen gewagt, an einen solchen Ort zu kommen. Aber entscheidend ist nicht, wer dort arbeitet, sondern wie er sich der Welt gegenüber verhält. Meine Bewunderung für Barack Obama wäre größer, wenn er seiner Schuldigkeit gegenüber Baschar al-Assad nachkäme.

Nachdem der Rundgang zu Ende war, sind wir in einen Sitzungssaal gegangen, wo man mir die gleichen Fragen gestellt hat wie im Kongress. Halb so schlimm, dass wir Barack Obama nicht getroffen haben. Entscheidend war, dem Kongress die Botschaft zu überbringen, dem syrischen Volk Gehör zu verschaffen und die Welt an ihre menschliche und moralische Verantwortung angesichts dessen zu erinnern, was in den Hafteinrichtungen und Gefängnissen in Syrien geschieht.

Wenn es den Präsidenten der großen Mächte nicht an politischem Willen fehlen würde, dann würden sie den Verbrechen Baschar al-Assads ein Ende bereiten, um die Zehntausenden von Gefangenen, die noch in syrischen Gefängnissen sitzen, vor ihrem Schicksal zu bewahren.

Bin ich ein Held? Bin ich etwas Besonderes, weil ich im Oval Office war und McCain getroffen habe? Ich bin wie jeder andere Syrer auch. Groß ist nur die Sache, für die ich eintrete. Ich habe Syrien verlassen, um die syrische Sache voranzubringen. Wir haben die Früchte, die wir gesät haben, noch immer nicht geerntet. Nach all den Gefahren, die wir auf uns genommen haben, weiß ich noch immer nicht, ob die Erntezeit je kommen wird. Wir haben viel getan in der Hoffnung auf diese Ernte. Damit das Regime und alle anderen Verantwortlichen vor Gericht gestellt werden. Das wird die Ernte sein.»

Washington, Sitzungssaal des Kapitols

An diesem Donnerstag, den 31. Juli, um 9.30 Uhr eröffnet Ed Royce, Präsident des Ausschusses für Auswärtige Angelegenheiten der Abgeordnetenkammer des Kongresses, die Sitzung unter dem Titel «Assads Tötungsmaschinerie aufgedeckt – Konsequenzen für die amerikanische Politik» mit den Worten: «Heute werden wir Beweise für die am syrischen Volk verübten Gräueltaten in Augenschein nehmen. Wir befinden uns mittlerweile im Jahr vier der syrischen Krise. Diese Krise wurde hervorgerufen und sie wird am Leben gehalten von Baschar al-Assad, der die friedlichen Forderungen der Syrer, die für ihre universellen Rechte eintreten, mit einer unerhörten Gewalt beantwortet hat, die selbst vor Kindern nicht haltmacht. Wir fühlen uns geehrt, ‹Caesar› [bei uns zu haben], einen Überläufer der syrischen Armee, der unter Einsatz seines Lebens mehr als 50 000 Fotos von politischen Dissidenten, die seit Beginn der Demonstrationen vom Regime gefoltert und getötet wurden, zusammengetragen und heimlich außer Landes gebracht hat. Wir danken Ihnen

216

für Ihre Bereitschaft, heute vor dem Ausschuss zu sprechen.»

Ihm gegenüber im Saal, in der ersten Reihe, sitzt Caesar. Sein Gesicht ist fast völlig verdeckt von seiner Baseballkappe und der Kapuze seiner blauen Regenjacke, nur seine Nase ist zu sehen. Der Mann neben ihm ist Mouaz Moustafa, ehemals Mitarbeiter des Senats, inzwischen Geschäftsführer der Syrian Emergency Task Force, die syrische Oppositionsgruppen unterstützt und die Amerikaner seit Monaten drängt, die Rebellen zu bewaffnen. Im Mai 2013 hatte er John McCain begleitet, der heimlich in den Norden Syriens eingereist war, um sich mit General Salim Idris zu treffen, damals Kommandant der Freien Syrischen Armee.

Mouaz Moustafa war es, der Caesars Einladung organisiert hat. Hier im Kongress sorgt er für die Übersetzung seiner Rede. Der ehemalige Fotograf flüstert ihm den Text ins Ohr, den er mit einem blauen Stift in seiner zarten Handschrift auf zwei weiße Blätter geschrieben hat:

«Es ist mir eine Ehre, in diesem großen Bauwerk der Demokratie zu sein. Ich danke Ihnen, dass Sie mir die Gelegenheit geben, offen und freundschaftlich das Wort an Sie zu richten.

Ich bin ein syrischer Bürger aus dem von Baschar al-Assad und schon von seinem Vater ausgegrenzten Rif [vom Land], der gekommen ist, um in einfachen Worten zu Ihnen zu sprechen.

Ich bin kein Politiker und ich mag die Politik nicht. Ich bin auch kein Anwalt. Auch wenn ich das Gesetz respektiere, kenne ich die Gesetzestexte nicht. Ich bin ein Soldat, der in der Militärpolizei gearbeitet hat, die dem Verteidigungsministerium zugeordnet ist. Vor der Revolution bestand meine Arbeit darin, alle Toten in den Militärkrankenhäusern zu fotografieren.

Nach der Revolution hat sich unsere Arbeit mehr als verdoppelt. Die Leichen der Gefangenen wurden in die Militärkrankenhäuser geschickt, wo wir je nach Befehlslage und Bedarf hinbeordert wurden.

Ich hatte nicht nur Kenntnis von Leichen, die ich selbst fotografiert habe, sondern auch von allen anderen Fotos ... in der Abteilung, die damit betraut war, sie auf den Rechner zu überspielen. ... Ich habe entsetzliche Fotos von Leichen gesehen, die Spuren grausamer und schwerer Folter trugen, wie Verbrennungen und Verletzungen. Es gab Fälle von Strangulation, Leichen mit herausgerissenen Augen und andere, die Schläge erlitten hatten, die zu Brüchen im Gesicht und in anderen Körperteilen führten, es gab extrem abgemagerte und entkräftete Körper, Gefangene, die Skeletten glichen ... Ich denke, die meisten von ihnen sind verhungert.

In meinem ganzen Leben hatte ich nie solche Verbrechen gesehen, außer bei den Opfern der Nazifolter, an die diese Bilder erinnern.

Ich habe Fotos von Kinderleichen und Fotos sehr alter Menschen gesehen, auch das einer Frau. Manchmal bin ich auf Leichen von Bewohnern meines Dorfes gestoßen, von Nachbarn, die ich gut kannte. Es machte mich traurig, dass ich ihre Eltern und Angehörigen nicht unterrichten konnte.

Hätte das Regime entdeckt, dass ich vertrauliche Informationen hinausschmuggele, wäre das mein Tod gewesen.

Aber ich konnte diese Gräueltaten mit meinem professionellen, menschlichen und religiösen Gewissen nicht vereinbaren. Andernfalls hätte ich das Gefühl gehabt, zum Komplizen des Regimes und seiner abscheulichen Verbrechen zu werden.

Ich habe dann beschlossen zu desertieren. … Nach Gesprächen mit einer Person, der ich vertraute und die an der Revolution beteiligt war, habe ich mich bereiterklärt, nicht gleich zu desertieren, damit ich eine größere Anzahl von Fotos der ermordeten Gefangenen hinausschmuggeln konnte. Ich habe ihr die Fotos aus dem Rechner der Abteilung oder den monatlichen Archiven zukommen lassen.

Da ich Angst um mein Leben und das Gefühl hatte, dass die Lage gefährlicher wurde, hat mir ein Vertrauter gesagt, ich müsse unbedingt desertieren. Er hat mir dabei geholfen. Er hat die notwendigen Vorkehrungen getroffen, um mich sicher aus Syrien hinauszubringen.

Ich bin gekommen, um vor Ihrem ehrwürdigen Rat Bericht zu erstatten, weil ich Ihnen mehrere Botschaften des syrischen Volkes überbringen möchte:

1. Was in Syrien geschieht, ist ein grauenhaftes Massaker, angerichtet von einem großen Terroristen namens Baschar al-Assad. Er hat sein Land zerstört und sein Volk ohne jedes Mitleid umgebracht. Er hat Terroristen aus dem Gefängnis befreit, damit sie in Syrien und außerhalb Syriens Chaos verbreiten.

2. Wir wissen in Syrien, dass Sie diesen Zehntausenden von Opfern das Leben und die Seele nicht wiedergeben

können. Aber wir sagen Ihnen, dass es mehr als 150 000 Gefangene gibt, die noch in den syrischen Gefängnissen inhaftiert sind und denen das gleiche Schicksal bevorsteht wie denen, die auf den Fotos zu sehen sind.

Das syrische Volk setzt sein Vertrauen in Ihr Ehrgefühl und Ihre edle Gesinnung …, die Sie durch die mutige Haltung bewiesen haben, mit der Sie dem Mord in Jugoslawien und anderswo Einhalt geboten haben.

Ich schließe mit den Worten Gottes, des Allmächtigen: ‹Wer einen Menschen tötet, der tötet die ganze Menschheit, und wer einen Menschen rettet, der rettet die ganze Menschheit.›

Ich danke Ihnen. Mögen der Friede und die Barmherzigkeit mit Ihnen sein.»

In den Reihen des Saals im Kapitol herrscht Schweigen. An den Seiten hängen vergrößerte Fotos von Gefangenen. David Crane, der ehemalige Strafverfolger, der den ersten Bericht über die Affäre im Januar 2014 erstellt hat, sitzt nicht weit von Caesar entfernt. Imad ad-Din al-Rashid kostet die Reaktion der etwa dreißig anwesenden Abgeordneten aus. Niemand zweifelt an der Echtheit der Fotos. Der syrische Oppositionelle glaubt, Unterstützer in seinem Kampf um die Anerkennung der Verbrechen des Regimes gefunden zu haben.

71 Jahre zuvor, fast auf den Tag genau, reiste ein Mann nach Washington, um seinerseits von Verbrechen gegen die Menschlichkeit zu berichten, die später als Genozid bezeichnet werden sollten. Er wurde freilich zum Präsidenten der Vereinigten Staaten vorgelassen: «Das Weiße Haus wirkte auf mich wie eine ländliche Villa, neu und solide gebaut», wird Jan Karski in seinem Buch schreiben. «Ihm fehlten all die prächtigen Statuen, die efeuberankten Mauern, die kleinen und großen Türme und die altehrwürdige Patina, die solche Gebäude in meinem Heimatland zieren. … Das Herz schlug mir bis zum Hals, als ich das Weiße Haus … betrat. Das war sie also, die Zitadelle der Macht. In Kürze würde ich vor dem mächtigsten Vertreter der mächtigsten Nation der Welt stehen.»[14]

Jan Karski, ein Pole, will die Alliierten über die Vernichtung der Juden durch die Nazis in Kenntnis setzen. Der katholische Widerstandskämpfer ist von den Sowjets verhaftet und im Zuge eines Gefangenenaustauschs den Deutschen übergeben worden. Es gelingt ihm zu fliehen, indem er aus einem Zug springt. Er gerät in die Hände der Gestapo, wird gefoltert und flieht erneut. Im August 1942 lässt er sich ins Warschauer Ghetto und dann in das Konzentrationslager Izbica Lubelska einschleusen. Führende Vertreter der jüdischen Gemeinschaft beauftragen ihn, der Welt über den im Gang befindlichen Völkermord zu berichten. Er wird den berühmten «Karski-Bericht» über die «Endlösung» und die Lage in Polen unter der nationalsozialistischen Besatzung verfassen.

Nachdem er in London von Vertretern des britischen Kabinetts empfangen wurde, kommt Karski am 28. Juli 1943 in Washington an, während der Krieg in Europa weitergeht. Das Treffen mit Franklin D. Roosevelt wird über eine Stunde dauern.

Am 28. Juli 2014 ist Caesar, der Syrer, im Holocaust-Museum in Washington. Sein erster öffentlicher Auftritt, vier Tage vor seinem Bericht vor dem amerikanischen Kongress. «Als wir ihm begegneten, mussten wir viel an Karski denken», sagt Cameron Hudson, Direktor des Zentrums zur Verhinderung von Völkermorden am Holocaust-Museum. «Karski hat Roosevelt getroffen und nichts erreicht, um die ‹Endlösung› aufzuhalten.» Aber die beiden Männer sind sehr verschieden. Karski war ein Widerstandskämpfer, Caesar hat nie behauptet, ein Kämpfer für die Menschenrechte zu sein. Er ist es geworden. Er versuchte nicht, der Held zu sein, der er heute ist. «Wir schauten ihn an, als er vor uns saß, und fragten uns, was wir an seiner Stelle getan hätten.»

Am Eingang des Gebäudes gemahnt die Inschrift «Nie wieder» an die Aufgabe. Erinnerungsort und Alarmposten zugleich, zeigt das Holocaust-Museum Ausstellungen über den Völkermord an den Tutsi und den Völkermord in Darfur, über die Massenmorde der Roten Khmer zwischen 1975 und 1979 und die Massenmorde in Bosnien zwischen 1992 und 1995.

Durch Caesars Aufnahmen sieht sich sein Direktor in die Gegenwart eines Dramas versetzt, das alles verkörpert, wogegen er kämpft: «Die Fotos der Leichen, die Tötungsmethoden, die Dokumentation, das System der Buchführung und Archivierung, die Nummern, all das erinnert ganz eindeutig an den Holocaust. Ich möchte keine Vergleiche ziehen, selbst wenn das einen Grad der Organisiertheit erkennen lässt, den man nur von Genoziden und einer Politik kennt, die willens ist, einen Teil der Bevölkerung auszulöschen.»

Und der sichtlich aufgewühlte Mann fügt hinzu: «Das Erstaunliche ist, dass diese Aufnahmen gerade erst gemacht wurden. Das ist keine Sache, die siebzig, vierzig oder auch nur zwanzig Jahre zurückliegt. Diese Ereignisse finden jetzt statt, während wir uns die Fotos anschauen. Dadurch haben wir es mit einer ganz anders gearteten Diskussion zu tun. Wir führen keine historische Diskussion mehr, sondern eine zeitgenössische. Das wirft die Frage nach unserer Verantwortung auf. Ich trage keine Verantwortung für das, was während des Holocaust geschehen ist. Aber ich trage Verantwortung für das, was heute geschieht, in dieser Welt, in der ich lebe. Was ist meine individuelle Rolle im Zusammenhang dessen, was heute geschieht? Wir haben uns darum entschlossen, ausgewählte Fotos in unserem Museum zu zeigen.» Seit Oktober 2014 hat das Museum eine Dauerausstellung von zehn Fotos eingerichtet.

Gewiss wurde dieses Museum auch eröffnet, damit Bürger wie Karski und Caesar gehört werden. Aber der amerikanische Präsident wird Caesar nicht anhören. Die Stimmung bei dem Treffen im Weißen Haus zwischen den Syrern und zwei Beratern von Vizepräsident Joe Biden ist angespannt. Der sonst so ruhige Imad ad-Din al-Rashid wird ungehalten und wirft ihnen vor, es bei humanitärer Hilfe zu belassen: «Die Flugzeuge von Baschar al-Assad bombardieren und töten uns. Wir leben lieber mit leerem Bauch, als mit vollem zu sterben. Statt Geld für Nahrung auszugeben, sollten Sie besser etwas beschaffen, das diese Flugzeuge daran hindert, die Syrer umzubringen.» Und er fügt hinzu, dass den Syrern immer deutlicher bewusst wird, dass ihr Leben für die Vereinigten Staaten keinerlei Wert hat.

Caesar wiederum wird einen handgeschriebenen Brief für Präsident Obama dalassen. «Ich habe mein Leben riskiert und meine Eltern einer extremen Gefahr ausgesetzt, um die systematische Folter von Gefangenen durch das Regime aufzuhalten. ... Was können Sie tun, um diese Morde zu verhindern? Wo man doch weiß, dass dieses finstere Schicksal mehr als 150000 Gefangene in den Gefängnissen erwartet?»

Welche Gerechtigkeit?

Die Akte Caesar bringt die amerikanische Regierung in Verlegenheit, weil diese das Kapitel «Baschar al-Assad» derzeit offenbar nicht aufschlagen möchte. Die Priorität liegt bei den Luftschlägen gegen die Dschihadisten des «Islamischen Staates», die irakische und syrische Territorien erobern und vor allem die Sicherheit europäischer Länder gefährden, indem sie Terroristen zu Attentaten anstiften. Auch das Treffen mit dem Federal Bureau of

Investigation wird Imad ad-Din al-Rashid davon überzeugen, dass die Akte Caesar für Unbehagen sorgt. Der
Syrer hat dem FBI die 27000 Gefangenenfotos überlassen. Dafür hat das FBI versprochen, mit Hilfe eines
Gesichtserkennungsprogramms prüfen zu wollen, ob
unter den ermordeten Gefangenen Amerikaner oder
Syro-Amerikaner sind – was eine elementare Vorausset-
zung für die Einleitung eines Verfahrens in den Vereinigten Staaten wäre. Das Gesichtserkennungsprogramm
kann auf die immensen Datenbanken der Behörden des
Landes zugreifen – Fotos, die aus Visumanträgen stammen oder aus Pässen, die im State Departement archiviert werden, oder aus den Datenbanken über den Terrorismus.

«Wir waren sehr enttäuscht von der Haltung des FBI»,
erzählt der Oppositionelle. «Wir hatten wirklich gedacht,
dass sie uns helfen würden, aber tatsächlich merkte man,
dass wir ihnen vor allem lästig waren. Sie wollten uns
keine Antwort auf die Frage geben, ob Amerikaner unter
den Opfern sind. Stattdessen haben sie einfach behauptet, bestimmte Fotos seien von so schlechter technischer
Qualität, dass sie sich nicht analysieren ließen.»

Nur 5500 von den 27000 Fotografien seien verwertbar gewesen, sagt Stephen Rapp, der amerikanische Sonderbotschafter für Kriegsverbrechen, der bei diesem Treffen
anwesend war. «Als das Projekt der Gesichtserkennung
anlief, dachte ich, wir würden auf Hunderte von Übereinstimmungen stoßen. Wir haben Millionen von Fotos in
unseren Datenbanken, aber hier haben wir weniger als
zehn Übereinstimmungen gefunden.» Im März 2015, als

er Station in London macht, ruft er in seinem Notebook zwei Bilder von Männern auf, die sich merkwürdig ähnlich sehen. Der eine gestorben in einer Hafteinrichtung des syrischen Regimes, der andere am Leben auf seinem Passfoto. Rapp zweifelt: «Wir sind uns nicht hundertprozentig sicher, dass es sich um dieselbe Person handelt. Wir brauchen Komplementäranalysen.»

Der einstige Ankläger der Internationalen Sondertribunale für Ruanda und Sierra Leone gesteht, wie enttäuscht er von den juristischen und politischen Fortschritten ist: «Wie oft habe ich bei meiner Arbeit in Ruanda, in Sierra Leone grauenhafte Zeugenaussagen gehört, für die wir keine Beweise hatten. Aber die Fotos von Caesar ... ich habe niemals so schlagende Beweise für Kriegsverbrechen und Verbrechen gegen die Menschlichkeit gesehen.»

Ein Jahr nach Caesars Besuch in seinen Büros wird das FBI offiziell bekannt geben, dass die Fotos der Akte echt sind. In einem fünfseitigen Bericht, der dem State Department im Juni 2015 ausgehändigt wird und von dem eine Kopie der Website Yahoo News vorliegt, erklärt das FBI, die Fotos seien «nicht manipuliert ... Sie zeigen wirkliche Personen und Ereignisse». Peinlich genug für die Regierung, die ganz auf ihr Atomabkommen mit jenem Iran konzentriert ist, der neben Russland der Hauptverbündete von Baschar al-Assad ist.

Und dennoch. Die Realpolitik verhindert fürs Erste jede Anrufung des Internationalen Strafgerichtshofs. Und die Einrichtung sogenannter Ad-hoc-Strafgerichtshöfe, wie es sie für Ex-Jugoslawien und Ruanda gegeben hat, setzt ihrerseits das Einverständnis des UNO-Sicherheitsrates, also auch der Russen und Chinesen, voraus.

Selbst die hybriden Gerichtshöfe, in denen internationale und nationale Juristen zusammenarbeiten, werden im Einverständnis mit den Vereinten Nationen eingerichtet: So in Sierra Leone, um die Verantwortlichen für Kriegsverbrechen und Verbrechen gegen die Menschlichkeit während des bewaffneten Konflikts anzuklagen; in Kambodscha, um die Verbrechen der Roten Khmer zu verurteilen; im Libanon, um die Urheber des Attentats zu belangen, das am 14. Februar 2005 den ehemaligen libanesischen Premierminister, Rafiq al-Hariri, das Leben gekostet hat.

Die Affäre Caesar könnte sich mit einer neuen Phase der internationalen Rechtsprechung verbinden, in der nationale Gerichte sich mit Verbrechen befassen, die als so schwer gelten, dass sie die ganze internationale Gemeinschaft betreffen: Folter, Kriegsverbrechen, Verbrechen gegen die Menschlichkeit, Völkermorden. So hat Frankreich im März 2014 auf der Grundlage des «Weltrechtsprinzips» (oder «Universalitätsprinzips»), das es erlaubt, auf eigenem Territorium Ermittlungen gegen ausländische Personen einzuleiten, einen Ruander der Beihilfe zum Völkermord angeklagt und verurteilt.

In einer großen europäischen Stadt, deren Name aus Sicherheitsgründen nicht genannt werden kann, hofft ein Mann auf diese Möglichkeit nationaler Gerichte, internationales Recht anzuwenden. Der Kanadier William Wiley ist ein ehemaliger internationaler Strafverfolger. Mit anderen internationalen Juristen, die in Ex-Jugoslawien, im Irak oder in Ruanda tätig waren, leitet er die Commission for International Justice and Accountability (CIJA). 2012 in Den Haag eingetragen und von der Europäischen Union, dem Vereinigten Königreich und den Vereinigten Staaten finanziert, hat sie die Aufgabe, Beweise für Kriegsverbrechen und Verbrechen gegen die Menschlichkeit zusammenzutragen, die in Syrien verübt worden sind. Dabei bereitet die Kommission komplette Akten für einen Gerichtshof vor, der es eines Tages wagen wird, gegen die Urheber dieser Verbrechen vorzugehen.

«Die nationalen Gerichte sind für solche Ermittlungen nicht gerüstet», erklärt William Wiley. «Sie haben nicht genug Geld, und sie können vor allem die Risiken nicht eingehen, die wir eingehen müssen.» Während in Syrien noch immer der Krieg tobt, sammeln dort an die fünfzig Zivilisten alle Dokumente des Regimes, derer sie habhaft werden können. Sobald die Rebellen der Freien Syrischen Armee ein Gebiet, eine Stadt, ein Viertel, ein offizielles Gebäude in ihre Gewalt bekommen, stellen diese Beweisjäger noch das kleinste Schriftstück, den letzten herumliegenden Zettel sicher, um ihn außer Landes zu bringen. Ihr Ziel ist der Amtssitz der CIJA in Den Haag.

Fast 500 000 Seiten sind in der angenehm gedämpften Atmosphäre der Büros, fernab des Bombenlärms, bereits gescannt worden. Ein Großteil wurde von militärischen und politischen Experten analysiert, die derart die Funktionsweise des syrischen Regimes und seine Dienstwege entschlüsselt haben. Funktionäre der Baath-Partei, hochrangige Militärs und Verantwortliche der Geheimdienste konnten so namentlich identifiziert werden.

Die Arbeit der CIJA ist methodisch, langwierig und unerbittlich. Vier Akten mit 24 Namen von Verdächtigen sind bereits fertiggestellt. Drei enthalten Beweise gegen wichtige Vertreter des Regimes, eine gegen Mitglieder bewaffneter Oppositionsgruppen. Parallel dazu wird das Sammeln von Beweisen weiter vorangetrieben. Im Frühjahr 2015 hat die CIJA auch einem Datenaustausch mit den Anwälten zugestimmt, die mit der Affäre Caesar befasst sind. William Wiley und der internationale Jurist Toby Cadman haben zusammengearbeitet. Die Londoner Kanzlei 9 Bedford Row International, zu der Cadman gehört, hat die Nachfolge von Carter-Ruck angetreten, die den von Katar bestellten Bericht verfasst haben.

«Wir haben Haftbefehle des Regimes sichergestellt», erklärt einer der Verantwortlichen der CIJA, der anonym bleiben möchte, «die auf Hunderte von Personennamen ausgestellt sind. Auf Aktivisten, die ins Visier des Regimes geraten sind, weil sie Demonstrationen veranstaltet, mit ausländischen Medien kommuniziert oder Videos ins Netz gestellt haben.» All diese Namen wird die CIJA mit den 27 000 Fotos der toten Gefangenen aus der Akte

Caesar abgleichen können, die der Kommission vorliegen. Unwiderlegbarer Beweis der Todesmaschinerie.

Die Angst überwinden, um auszusagen

Wie William Wiley liefert sich auch Toby Cadman ein Wettrennen mit der Uhr, um Beweise für die vom Regime systematisch praktizierte Politik der Folter und des Mordens zu sammeln. Sein Ermittlerstab hat unter anderem einen Befehl des Regimes sichergestellt, in dem von einem «Problem der Hafteinrichtungen» die Rede ist, «das jetzt einer Lösung zugeführt werden muss». Ein Befehl, der im Frühjahr 2012, also just in dem Augenblick ergangen ist, da Beobachter der Vereinten Nationen sich nach Syrien begeben sollten, um die Lage vor Ort zu beurteilen. Geplant war insbesondere die Begehung der Gefängnisse und Hafteinrichtungen. Aus einem Abgleich dieser Information mit anderen, die Toby Cadman für den Augenblick nicht preisgeben möchte, ergibt sich ihm zufolge die Quasi-Gewissheit, dass «das Regime massive Exekutionen eines Teils der Gefangenen beschlossen hatte, um die Hafteinrichtungen zu entvölkern und zu diesem Zeitpunkt präsentabler zu machen».

Für Toby Cadman geht es darum, die Beweise zu sichern und die Zeugenaussagen aufzunehmen. Von London aus will seine Kanzlei Verfahren in denjenigen Ländern eröffnen, in denen die Gerichtsbarkeit nach dem Weltrechtsprinzip tätig werden kann. Spanien, Deutschland, Portugal, Belgien, das Vereinigte Königreich, Norwegen, die Niederlande oder Südafrika erkennen zum Beispiel dieses Prinzip mit mehr oder weniger großen Einschränkungen an. Im Frühsommer 2015 hat die Kanzlei 9 Bedford Row International bestätigt, in Spanien und im Vereinigten Königreich bereits Voruntersuchungen einleiten zu können. «Je mehr Verfahren man eröffnet, desto größer der Druck auf die internationale Gemeinschaft», sagt Toby Cadman. «Das macht es auch und vor allem möglich, nicht Jahre warten zu müssen, bevor man die Zeugenaussagen aufnimmt. Daher suchen wir Familien von Opfern, deren Fotos sich in der Akte Caesar finden, die bereit sind, Anklage zu erheben.»

Diese Familien zu finden, ist eine große Herausforderung. Nach wie vor sitzt die Angst so tief und ist die Repression so effizient, dass syrische Flüchtlinge im Ausland nicht vor Gericht zu erscheinen wagen, solange Mitglieder ihrer Familie noch in Syrien oder zumindest in den Gebieten Syriens leben, die unter staatlicher Kontrolle sind. Caesar selbst, dessen Angst, erkannt zu werden, nicht geringer geworden ist, hat sich geweigert, im Vereinigten Königreich oder in Spanien auszusagen.

Die Familie von Khalid, jenem Baustellenleiter aus Daraya, der verhaftet wurde und dessen nummerierter Leichnam sich unter Caesars Aufnahmen fand, hat sich dagegen in Istanbul bereiterklärt, Anklage zu erheben. Fernab von Syrien fühlen sie sich sicher. Nach all den Bestechungsgeldern, die sie Vermittlern in den Rachen geworfen haben, die ihnen vorlogen, Khalid sei in einer der Zellen des Luftwaffengeheimdienstes noch am Leben, sind Recht und Gerechtigkeit das Einzige, was ihnen noch bleibt. Dazu beizutragen, dass die Verbrecher verurteilt werden. «Was bleibt uns anderes übrig», sagt Ahmad, Khalids großer Bruder, mit verlegenem Lächeln. «Wir tun, was wir mit unseren bescheidenen Mitteln tun können. Wir haben keine Wahl. Wenn wir nicht aussagen, dann ist das, als würden wir noch einmal sterben. Revolutionen sind Grabstätten der Völker.»

Wie vor ihm das FBI hat auch das französische Außenministerium begonnen, unter den toten Gefangenen nach Franzosen oder Franko-Syrern zu suchen. Im Mai 2015 hat die Rechtsabteilung des Außenministeriums sich einen Teil der Kopien der Fotos beschafft. «Wenn wir einen Franzosen erkennen, kann der Oberstaatsanwalt ein Verfahren einleiten», bestätigt man am Quai d'Orsay. «Nachdem wir den Internationalen Strafgerichtshof über den UNO-Sicherheitsrat nicht anrufen konnten, suchen wir nach anderen Möglichkeiten, Baschar al-Assad zu belangen.»

Sami und Caesar können daran in diesem Sommer 2015 nicht mehr recht glauben. Zwei Jahre ist es nun her, dass die beiden Männer ihre Heimat verlassen mussten, um der freien Welt eine Festplatte zu bringen, auf der Aufnahmen ausgemergelter, zu Tode gefolterter und direkt auf der Haut nummerierter Körper zu sehen sind. Zwei Jahre schon, und die syrische Todesmaschine setzt ihre Routine unbehelligt fort. Und immer noch so wenige Antworten. Noch immer hat niemand abschließend klären können, wie die Nummernfolge auf den Leichen der

Gefangenen zustande kommt. Erhält der Gefangene seine Nummer, wenn er ins Gefängnis kommt, oder wird sie ihm zugewiesen, wenn er die Zelle tot verlässt?

«Noch immer fehlen uns Informationen darüber, wie das genau läuft, weil die Syrer Angst haben zu sprechen», empört sich Sami, verbittert. «Vier Jahre dauert der Krieg schon. Und die Diplomaten sprechen von Aussöhnung oder Übergängen. Soll das heißen, die Geheimdienstmitglieder bleiben da? Nach allem, was geschehen ist? Und Caesar und ich werden weiterhin vom Regime gesucht …?»

Tausende von Kilometern entfernt von der nordeuropäischen Stadt, in der die beiden Zuflucht gefunden haben, durchsuchen syrische Familien Tag für Tag und Foto für Foto die Aufnahmen von Leichen in der Hoffnung, Gesichtszüge oder einen Blick zu entdecken, an denen sie einen der Ihren wiedererkennen könnten. Eine morbide Internetrecherche, ein Hinabtauchen in die Tiefen des Schmerzes. Caesar will keine Fotos von nummerierten Toten mehr sehen. Lange hat er mit ihnen gelebt. Er hat sie gemacht, archiviert, kopiert. Und sie der Welt gezeigt. Heute will er nicht mehr darüber sprechen. Und möchte vergessen.

Anhang

1 Das Glaubensbekenntnis der Muslime: «Es gibt keinen Gott außer Gott und Mohammed ist sein Prophet.»

2 Der Region im Süden des Landes, in der es zu den ersten gewaltlosen Demonstrationen kam.

3 Die Glaubensgemeinschaft des Assad-Clans, die mit 10–12 % der Bevölkerung in der Minderheit ist. Aus einem Seitenzweig des Schiismus entstanden, sind die alawitischen Muslime vor allem in Syrien vertreten. Wie die Schiiten verehren sie Ali, den Schwiegersohn Mohammeds, den sie als den von Gott ermächtigten Führer ihrer Gemeinschaft betrachten. Anders als bei den Sunniten ist der Prophet also zweitrangig.

4 Der damalige Chef des Luftwaffengeheimdienstes.

5 http://www.hrw.org/reports/2012/07/03/torture-archipelago.

6 Der Engel des Todes.

7 http://www.vdc-sy.info/index.php/en/reports/1380463510#.VZT3ePntmko.

8 Für die Muslime der Diener Gottes.

9 Ziad Majed: *Syrie. La révolution orphéline*, Paris: Actes Sud, 2014.

10 Yassin al-Haj Saleh: *Récits d'une Syrie oubliée. Sortir la mémoire des prisons*, Paris: Les Prairies ordinaires, 2015.

11 http://www.lexpress.fr / actualite / l-industrie-du-meurtre-en-syrie_1499834.html.

12 http://www.amnesty.fr/Documents/Je-voulais-mourir-temoignages-de-survivants-de-la-torture-en-Syrie.

13 Moustafa Khalifé: *La Coquille*, Paris: Actes Sud, 2007.

14 Jan Karski: *Mein Bericht an die Welt. Geschichte eines Staates im Untergrund*, übers. von Franka Reinhart, Ursel Schäfer, München: Antje Kunstmann, 2011.

Datenblatt der Abteilung für Kriminalfotografie der Militärpolizei,
kopiert von Caesar.

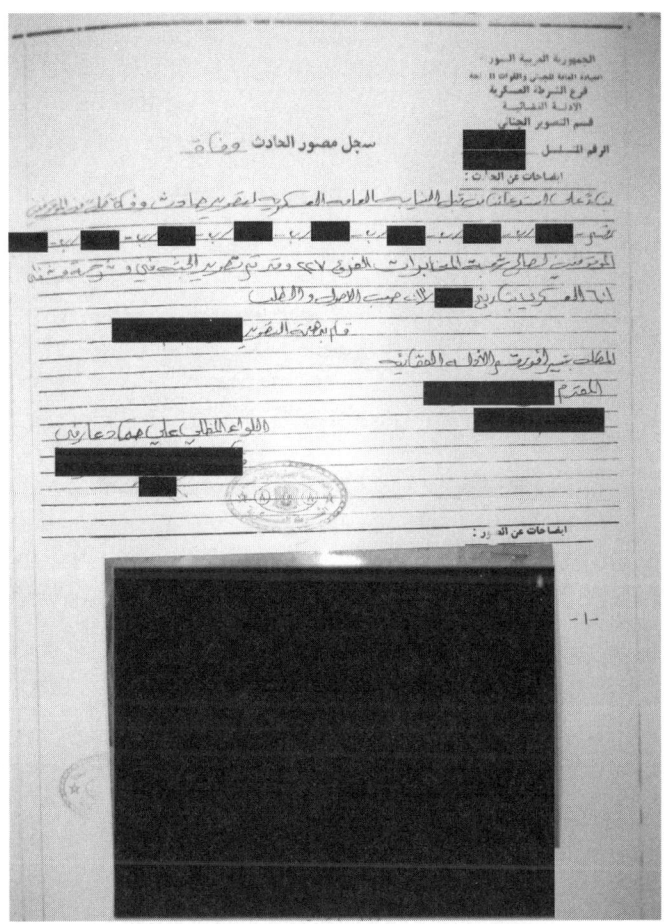

Anhang 2
Haftbefehl, ausgestellt von der 5ten Division. Das Dokument wurde von der
Commission for International Justice and Accountability sichergestellt.

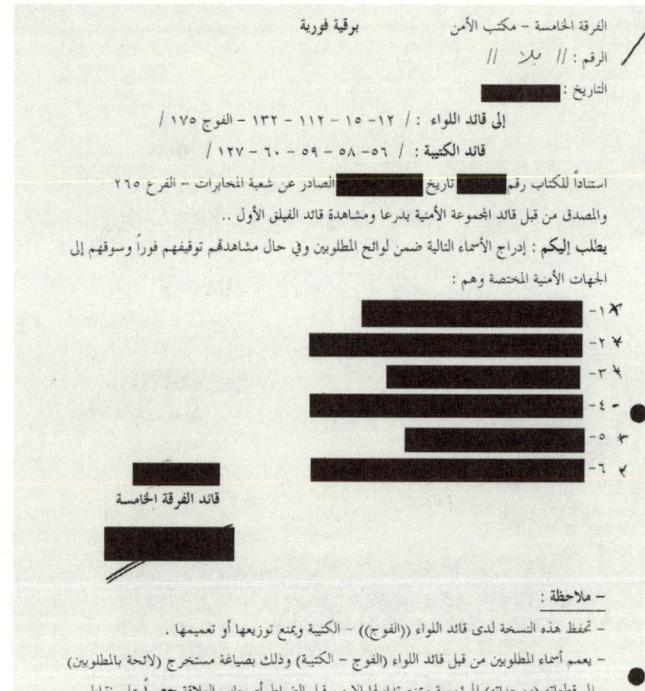

الفرقة الخامسة – مكتب الأمن   برقية فورية

الرقم : // بلا //

التاريخ : ▆▆▆▆

إلى قائد اللواء : / ١٢ – ١٥ – ١١٢ – ١٣٢ – الفوج ١٧٥ /

قائد الكتيبة : / ٥٦ – ٥٨ – ٥٩ – ٦٠ – ١٢٧ /

استناداً للكتاب رقم ▆▆▆▆ تاريخ ▆▆▆▆ الصادر عن شعبة المخابرات – الفرع ٢٦٥

والمصدق من قبل قائد المجموعة الأمنية بدرعا ومشاهدة قائد الفيلق الأول ..

يطلب إليكم : إدراج الأسماء التالية ضمن لوائح المطلوبين وفي حال مشاهدتهم توقيفهم فوراً وسوقهم إلى

الجهات الأمنية المختصة وهم :

١- ▆▆▆▆

٢- ▆▆▆▆

٣- ▆▆▆▆

٤- ▆▆▆▆

٥- ▆▆▆▆

٦- ▆▆▆▆

قائد الفرقة الخامسة

▆▆▆▆

– ملاحظة :

– تحفظ هذه النسخة لدى قائد اللواء ((الفوج)) – الكتيبة ويمنع توزيعها أو تعميمها .

– يعمم أسماء المطلوبين من قبل قائد اللواء (الفوج – الكتيبة) وذلك بصياغة مستخرج (لائحة بالمطلوبين)

إلى قطعاته (ووحداته) المرؤوسة ويمنع تداولها إلا من قبل الضباط أصحاب العلاقة حصراً على نقاط

التفتيش .

Anhang 3

Bestattungsbefehl für einen Gefangenen, der während seines Verhörs an «Herzstillstand und Atemstillstand» gestorben ist. Von Caesar mit seinem Handy fotografiert.

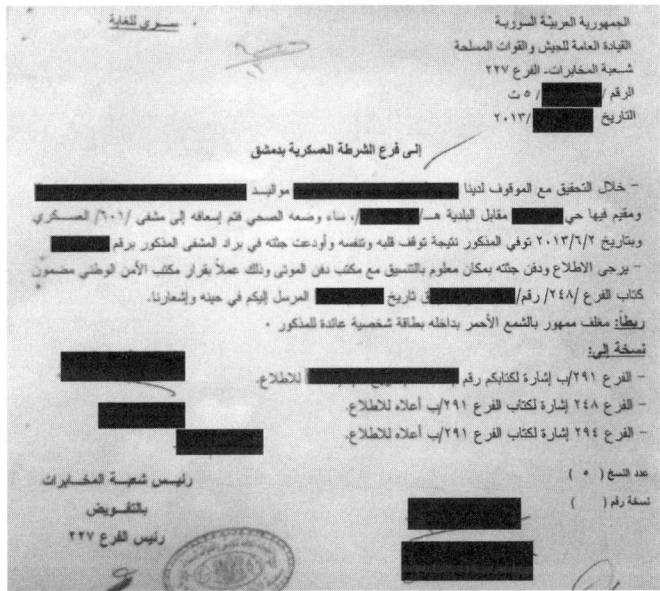

الجمهورية العربية السورية
القيادة العامة للجيش والقوات المسلحة
شـعبة المخابرات- الفرع ٢٢٧
الرقم / ٥ ت
التاريخ /٢٠١٣

سـري للغاية

إلى فرع الشرطة العسكرية بدمشق

– خلال التحقيق مع الموقوف لدينا ████████████ مواليد ████████
ومقيم فيها حي ████ مقابل البلدية هـ/████/، مساء وضعه الصحي قتم إسعافه إلى مشفى ٦٠١/ العسكري
وبتاريخ ٢٠١٣/٦/٢ توفي المذكور نتيجة توقف قلب وتنفسه وأودعت جثته في براد المشفى المذكور برقم ████
– يرجى الاطلاع ودفن جثته بمكان معلوم بالتنسيق مع مكتب دفن الموتى وذلك عملاً بقرار مكتب الأمن الوطني مضمون
كتاب الفرع ٢٤٨/ رقم/ ████████████ق تاريخ ████ المرسل إليكم في حينه وإشعارنا.
ربطاً: مغلف ممهور بالشمع الأحمر بداخله بطاقة شخصية عائدة للمذكور .
نسخة إلى:
– الفرع ٢٩١/ب إشارة لكتابكم رقم ████████████ للاطلاع.
– الفرع ٢٤٨ إشارة لكتاب الفرع ٢٩١/ب أعلاه للاطلاع.
– الفرع ٢٩٤ إشارة لكتاب الفرع ٢٩١/ب أعلاه للاطلاع.

رئيس شعبة المخابرات
بالتفويض
رئيس الفرع ٢٢٧

عدد النسخ (٥)
نسخة رقم ( )

241

Skizze einer Etage in der Abteilung 215, in der Ahmad al-Riz inhaftiert war.

The Structure of the Prison in branch 215.

Torture Hall		Officer Room
	Front Cell	Wood cell
	Iron Cell	Wood cell
	Iron Cell	Wood Cell
	Iron Cell	Wood cell
	Sickness Room	Wood Cell
	Blanket Room	Wood Cell
		Wood Cell
W.C	Assistant Room	W.C

Geheimdienstabteilungen und Armeedivisionen, aus denen die verstorbenen
Gefangenen kamen, deren Fotos sich in der Akte Caesar finden. Das Dokument
wurde von der Gruppe um Caesar erstellt.

1. Abteilung 215 des Militärgeheimdienstes (Luftwaffe)

2. Abteilung 248 des Militärgeheimdienstes (Aufklärung)

3. Abteilung 227 des Militärgeheimdienstes (al-Mintaqa)

4. Abteilung 235 des Militärgeheimdienstes (Palästina)

5. Abteilung 220 des Militärgeheimdienstes (Region Sassa)

6. Abteilung 216 des Militärgeheimdienstes

7. Abteilung 291 des Militärgeheimdienstes (Aufklärung)

8. Abteilung 293 des Militärgeheimdienstes

9. Abteilung 261 des Militärgeheimdienstes (Abteilung Homs)

10. Abteilung 295 der Staatssicherheit

11. Abteilung 251 der Staatssicherheit

12. Allgemeiner Nachrichtendienst (Staatssicherheit)

13. Luftwaffengeheimdienst (Nachrichtenabteilung)

14. Luftwaffengeheimdienst

15. Republikanische Garde

16. 1te Panzerdivision

17. 4te Panzerdivision

18. 9te Panzerdivision

19. Grenzschutz

20. 1te Panzerdivision, Regiment 141

21. Regiment 274

22. Behörde für Artillerie und Raketen des Regiments 157

23. Abteilung der Militärpolizei (Ermittlungen)

24. Nationale Verteidigung, Teil der *schabbiha* (regierungstreue
    Miliz)

Anhang 6

Excel-Tabelle, die von der Gruppe um Caesar erstellt wurde, um die Merkmale der fotografierten Gefangenen einzutragen.

Merkmal	Grand Total	Anonymous reference	Others	SAFI	MP	251	220	248	235	216	227	215
Grand Total	9238	175	105	427	64	145	85	84	196	586	2819	4552
Physical Disability	3	0	0	0	0	0	0	0	0	1	0	2
Surgery	16	4	0	5	0	0	0	0	0	2	4	1
Tashahhud	81	1	1	10	1	3	3	0	1	8	27	26
Holes in Flesh	22	2	0	7	1	2	1	0	1	0	4	4
Splint	5	0	0	2	0	0	0	0	0	2	1	0
Break	16	7	1	2	0	0	0	0	0	0	1	5
Medical Procedure	102	6	7	20	1	16	2	0	5	5	16	24
Herniated Intestine	6	0	1	3	0	0	1	0	0	0	1	0
New Blood Trace	160	25	18	20	0	1	0	0	2	4	23	67
Conclusive Wounds	65	20	15	14	0	1	3	0	0	2	4	6
Trace of Whips	3	0	0	0	0	0	0	0	0	1	1	1
Severe Torture	31	0	1	8	0	1	2	1	0	0	10	8
Electrocution	8	0	0	0	0	0	0	0	0	6	2	0
Choke	78	0	0	0	1	0	0	0	0	15	32	30
Tattoo	381	9	0	10	0	4	6	2	4	14	151	181
Lesions	585	9	2	9	1	11	5	5	9	17	359	158
Gouge out Eyes	455	2	1	4	3	0	4	6	12	54	180	189
Chemical Materials	37	5	6	1	0	14	0	0	0	0	6	5
Light Torture	2738	67	47	256	17	66	12	21	53	33	984	1182
Skin Injury	1510	9	1	12	17	10	22	25	46	210	456	702
slimness	2936	9	4	44	22	16	24	24	63	212	557	1961
Total victims	6786	111	69	352	45	110	50	54	127	293	2043	3532
Elderly	585	8	4	32	4	9	6	9	36	20	167	290
Minor	114	2	0	2	0	1	0	2	0	2	33	72
Young	6087	101	65	318	41	100	44	43	91	271	1843	3170
Branch	Grand Total	Anonymous reference	Others	SAFI	MP	251	220	248	235	216	227	215
No		11	10	9	8	7	6	5	4	3	2	1

Dank

Ich möchte zunächst und vor allem Caesar dafür danken, dass er bereit war, so ausführlich von sich zu erzählen. Das Vertrauen von Sami war unersetzlich. Imad ad-Din al-Rashid und Hasan Schalabi haben mir Einsicht in ihre Akte gewährt. Die Überlebenden, die den Hafteinrichtungen entkommen sind, haben ihre Erinnerungen mit mir geteilt, so schmerzhaft es häufig für sie war. Ich werde keinen dieser Augenblicke vergessen.

Ohne Naïm Kossayer wäre diese Untersuchung nicht in Gang gekommen. Und sie hätte nie zu Ende geführt werden können ohne Saoussen Ben Cheikh, ohne seine Übersetzung zahlloser Gespräche, seine Ratschläge, seine Erkundungen. François Burgat hat mir in einem Schlüsselmoment weitergeholfen, in dem die Nachforschungen stockten.

Helena D'Elia vom Primo-Levi-Zentrum in Paris, das sich um Opfer von Folter und politischer Gewalt kümmert, hat meinen Zweifeln Gehör geschenkt und mich auf meinem Weg begleitet.

Ziad Majed hat den Text mit minutiöser Aufmerksamkeit gegengelesen, um mich vor Fehlern zu bewahren.

Ich möchte auch Patrick Angevin für seine taktvolle und unentbehrliche Anwesenheit in diesen langen Monaten danken. Und Lune und Lili für ihre Geduld und ihr Lächeln.

Valérie Parlan und Aïcha Arnaout haben die Etappen der Nachforschungen mit großer Feinfühligkeit begleitet.

Ich danke François Azouvi und Manuel Carcassone von den Éditions Stock dafür, dass sie bereit waren, dieses Buch zu veröffentlichen. Die Geduld und Strenge von Capucine Ruat in den letzten Wochen waren unschätzbar und haben mir Ruhe gegeben.

Und besonders denke ich an den, der mir das Geschenk gemacht hat, bis zum Schluss an dieses Buch zu glauben.

Schließlich möchte ich Wladimir Glasmans gedenken, des unermüdlichen Beobachters der syrischen Krise, der am 21. August 2015 verstorben ist. Sein scharfer Blick hat es mir erlaubt, mir die Topografie der Folterzentren und der Krankenhäuser zu vergegenwärtigen, in denen die Leichen fotografiert wurden.

Auswahlbibliografie der Bücher und Internetseiten, die mich während der ganzen Nachforschungen begleitet haben. Um die Dinge in ihren Kontext zu stellen, um die Konzentrations- und Vernichtungssysteme zu verstehen. Und danach meine Zeugen interviewen, ihre Wirklichkeit so genau wie möglich beschreiben zu können. Mein Dank gilt den Autoren.

François Burgat, Bruno Paoli (Hg.): *Pas de printemps pour la Syrie*, Paris: La Découverte, 2013

Varlam Chalamov: *Récits de Kolyma*, Paris: Verdier, 2003

Père Patrick Desbois: *Porteur de mémoires*, Paris: Michel Lafon, 2007

Caroline Donati: *L'Exception syrienne. Entre modernisation et résistance*, Paris: La Découverte, 2009

Jean-Pierre Filiu: *Je vous écris d'Alep, au cœur de la Syrie en révolution*, Paris: Denoël, 2013

Jean Hatzfeld: *Dans le Nu de la vie. Récits des marais rwandais*, Paris: Le Seuil, 2003

Nicolas Hénin: *Jihad Academy. Nos erreurs face à l'État islamique*, Paris: Fayard, 2015

Jan Karski: *Mein Bericht an die Welt. Geschichte eines Staates im Untergrund*, übers. von Franka Reinhart, Ursel Schäfer, München: Antje Kunstmann, 2011

Samuel D. Kassow: *Ringelblums Vermächtnis. Das geheime Archiv des Warschauer Ghettos*, Reinbek: Rowohlt, 2011

Moustafa Khalifé: *La Coquille. Prisonnier politique en Syrie*, Paris: Actes Sud, 2007

Hala Kodmani: *La Syrie promise*, Paris: Actes Sud, 2014

Primo Levi: *Ist das ein Mensch? Die Atempause*, München: Hanser, 2011

Ziad Malagardis: *Sur la piste des tueurs rwandais*, Paris: Flammarion, 2012

Jean-Pierre Perrin: *La Mort est ma servante. Lettre à un ami assassiné, Syrie (2005–2013)*, Paris: Fayard, 2013

Yassin al-Haj Saleh: *Récits d'une Syrie oubliée. Sortir la mémoire des prisons*, Paris: Les Prairies ordinaires, 2015

Michel Seurat: *Syrie. L'État de barbarie*, Paris: Presses Universitaires de France, 2012

Der Syrische Verein für Verschwundene und politische Gefangene (SAFMCD) stellt bestimmte Fotos der Akte Caesar ins Netz: http://www.safmcd.com

Der Blog des ehemaligen Diplomaten Wladimir Glasman, eines genauen Kenners von Syrien: http://syrie.blog.lemonde.fr/

Das Centre Primo-Levi de Paris, das sich um Opfer von Folter und politischer Gewalt kümmert: http://www.primolevi.org/

Die Internetseiten von internationalen und syrischen Menschenrechtsorganisationen, die regelmäßig Berichte veröffentlichen:

Human Rights Watch: http://www.hrw.org/fr/

Amnesty International: http://www.amnesty.fr/

Violations Documentation Center: https://www.vdc-sy. info/index.php/en/

Syrian Network for Human Rights: http://sn4hr.org/

Aus unserem Verlagsprogramm

Politik und Zeitgeschehen
in C.H.Beck Paperback

Wolfgang Benz
Die Feinde aus dem Morgenland
Wie die Angst vor den Muslimen
unsere Demokratie gefährdet
3. Auflage. 2016. 220 Seiten. Broschiert
Beck Paperback Band 6073

Navid Kermani
Ausnahmezustand
Reisen in eine beunruhigte Welt
8. Auflage. 2016. 301 Seiten mit 11 Karten.
Klappenbroschur
Beck Paperback Band 6150

Navid Kermani
Einbruch der Wirklichkeit
Auf dem Flüchtlingstreck durch Europa
Mit Photographien von Moises Saman
2016. 96 Seiten mit 12 Photographien und 1 Karte.
Klappenbroschur
Beck Paperback Band 6241

Rupert Neudeck

Es gibt ein Leben nach Assad

Syrisches Tagebuch

2013. 192 Seiten mit 15 Abbildungen und 2 Karten.
Klappenbroschur
Beck'sche Reihe Band 6111

Ahmed Rashid

Taliban

Afghanistans Gotteskämpfer und
der neue Krieg am Hindukusch
Aus dem Englischen
von Harald Riemann und Rita Seuß
2. Auflage. 2011. 480 Seiten mit 2 Karten. Broschiert
Beck'sche Reihe Band 1958

Behnam T. Said

Islamischer Staat

IS-Miliz, al-Qaida und die deutschen Brigaden
4., aktualisierte und erweiterte Auflage. 2015. 239 Seiten
mit 7 Abbildungen und 1 Karte. Klappenbroschur
Beck Paperback Band 6144

Politik und Zeitgeschichte
bei C.H.Beck

Marta Kijowska
Kurier der Erinnerung
Das Leben des Jan Karski
2014. 382 Seiten mit 39 Abbildungen. Gebunden

Mark Mazower
Die Welt regieren
Eine Idee und ihre Geschichte von 1815 bis heute
Aus dem Englischen von Ulla Höber
und Karin Wördemann
2013. 464 Seiten. Gebunden

Reinhard Schulze
Geschichte der islamischen Welt im 20. Jahrhundert
Von 1900 bis zur Gegenwart
2016. 768 Seiten mit ca. 8 Karten. Gebunden

Paul Veyne
Palmyra
Requiem für eine Stadt
Aus dem Französischen von Anna Leube
und Wolf Heinrich Leube
2016. 128 Seiten mit farbigem Tafelteil (8 Seiten).
Gebunden